清远名村系列丛书

清远历史文化村

清远市史志办公室 编

华南理工大学出版社
SOUTH CHINA UNIVERSITY OF TECHNOLOGY PRESS
·广州·

图书在版编目（CIP）数据

清远历史文化村 / 清远市史志办公室编. —广州：华南理工大学出版社，2023.1
（清远名村系列丛书）
ISBN 978-7-5623-7350-6

Ⅰ. ①清… Ⅱ. ①清… Ⅲ. ①村史－清远 Ⅳ. ①K296.55

中国国家版本馆 CIP 数据核字（2023）第 062284 号

Qingyuan Lishi Wenhua Cun

清远历史文化村

清远市史志办公室　编

出 版 人： 柯　宁

出版发行： 华南理工大学出版社
（广州五山华南理工大学 17 号楼，邮编 510640）
http://hg.cb.scut.edu.cn　E-mail：scutc13@scut.edu.cn
营销部电话：020-87113487　87111048（传真）

策划编辑： 王魁葵

责任编辑： 陆雪璐　骆　婷

责任校对： 盛美珍

印 刷 者： 广州市新怡印务股份有限公司

开　　本： 787mm × 960mm　1/16　**印张：** 20.5　**字数：** 351 千

版　　次： 2023 年 1 月第 1 版

印　　次： 2023 年 1 月第 1 次印刷

印　　数： 1 ～ 1000 册

定　　价： 138.00 元

前言

美在乡村，情系乡土。自然村是人类聚居的最小单位，积淀着人类演进与发展的历史与文明。中共中央、国务院发布的《乡村振兴战略规划（2018—2022年）》指出，中华文明根植于农耕文化，乡村是中华文明的基本载体。植根于乡土的乡村文明史，如一组绵延不断的歌诀从远古吟咏而来，深深影响着人类文明的发展，是维系乡村社会的精神纽带。在工业化、城镇化进程加快的今天，农耕生活已渐渐远去，但几千年的农耕文明已深植于民族血脉。开发利用村落历史文化资源，传承弘扬乡土文化，推动广东乡村振兴，是史志系统发挥自身价值、践行文化自信的重要举措。

2015年起，清远市史志办公室根据广东省人民政府地方志办公室的部署，组织开展全市自然村落历史人文普查，全面摸清全市14 542个自然村基本村情，普查项目包括村落由来、建置沿革、姓氏人口、生产经营、物产资源、传统建筑、风俗习惯、文物非遗、人物等40个大项200个小项，为全面摸清清远乡村历史人文资源迈出了坚实的一步。

目前，根据普查资料编纂的《全粤村情》（清远卷）《清远古驿道》《清远家训》《清远乡土人物》系列图书已陆续出版。在此基础上，清远市史志办公室从2022年起，选取全市各地特点突出的自然村落，策划、组织编撰“清远名村系列丛书”，对全市普查资料进行结构化开发利用，助力乡村振兴。

《清远历史文化村》收录了散落在清远各地的106个历史文化村，记载了每个村的来源，描绘了村落的自然风貌、空间格局，讲述了民居建筑的风格特色，以图文并茂等形式，从不同角度展现清远乡村的悠久历史、乡土风情和文化魅力，将一个个真实的村落面貌全面呈现在读者面前。同时，对部分村落配有二维码，读者可扫描二维码观看相关视频及拓展介绍。希望读者能跟随《清远历史文化村》，走入清远乡村，领略清远乡村人文之美，感悟乡土文化的内涵，唤起沉淀在心底的乡愁。

目 录

目　录

清城

历史文化村

清城区凤城街道

麦　围

名片

- 接湾麦公祠
- 清远麦氏乡贤
- 麦天合

麦围村貌（凤城街道办供图）

麦围，位于凤城街道南部，距街道办事处约1千米，为古城居委会所在地。明崇祯十七年（1644），麦接湾（字学聪）到此开村定居，取名麦围。过去村周围有大片农田和鱼塘。改革开放后，随着城市建设的发展，麦围逐渐扩展成以村前的麦围大街为核心，周边楼房林立、店铺连片、巷道纵横、人流密集、经贸活跃的城市地带。

接湾麦公祠，始建于1924年，为纪念麦围麦姓开基始祖麦接湾而建，由当时的商业巨子、民族资本家、清远麦氏乡贤麦楚珍倡建。原为三间三进布局，现剩二进，由头门、两廊、后堂构成，占地面积266.7平方米。青砖墙，硬山顶，人字封火山墙，灰塑博古脊，碌灰筒瓦，红阶砖铺地。头门前设三步廊，雕竹节花式石檐柱，弓形檐枋，花篮状石驼峰，通花石雀替，石夹门框，门额石刻“接湾麦公祠”阳文大字，墙楣彩绘人物、花鸟图案，内设一厅二房。上堂瓜柱穿斗混合抬梁，4根红木金柱带石柱础，梅花式石檐柱带莲瓣纹石柱础，后设神台。堂中匾额“嘉穗堂”由擅长书法艺术的清远同兴会社秘书陈斗初先生题写。堂前设二廊。2001年，该宗祠被公布为清城区文物保护单位。

接湾麦公祠（钟洁华　摄）

1921年，麦楚珍家族在今清城龙船塘社区上廓街建成一座商住两用的大型园林院落——麦天合。该院落原由东西两路、铺面和后花园组成，总面积近万平方米。其建筑风格继承了我国江南园林建筑风格，又吸收了西欧

麦天合（清城区地方志办供图）

建筑的特点，布局独特。两路主体建筑均似祠堂式格局，三进三院，每进有天井庭院，雄伟壮观。1945年上半年，日军侵占清城时，曾驻兵麦天合。1949年10月13日清城解放，中共清远县委入驻麦天合，至1956年迁出。西路建筑、铺面和后花园于2004年被拆毁，现只剩下东路主屋。麦天合虽然历经沧桑，主体已遭毁坏，但仍可看出其从前的雄伟和磅礴的气势。2001年，麦天合被公布为清城区文物保护单位。

民兴火柴（黄春苗　摄）

民兴火柴厂由麦楚珍等于1916年筹办开设，一开始叫“民兴火柴制造局”。注册商标有“舞龙牌”“五色旗牌”，火柴远销周边各省及香港等地区。

（供稿、复核：清城区地方志办）

清城区东城街道

黄茶塱村

名片

- 大宾公祠
- “钦赐举人”黄昌祚
- 粤宾黄公祠

黄茶塱村村貌（清城区地方志办供图）

黄茶塱村，位于东城街道西北部，距街道办事处3千米。村落始建于清乾隆二年（1737），黄姓先祖黄大宾、黄粤宾两兄弟到此定居繁衍而形成。

村中现存大宾公祠和粤宾黄公祠，均位于旧村，始建于清代，2000年重修。两座宗祠均为三间二进布局，硬山顶，双龙戏珠彩塑脊，人字封火山墙，黄色琉璃瓦屋面，外墙贴彩色瓷片，墙楣镶人物、山水瓷画。头门为凹门斗式门面，花岗岩门框，门额石阴刻宗祠名字。后堂内设神龛，供奉祖宗牌位。

大宾公祠前地坪上左右各有一对立于清光绪十一年（1885）的旗杆夹石，上刻“光绪十一年乙酉科钦赐第一名举人黄昌祚立”。

大宾公祠和粤宾黄公祠（清城区地方志办供图）

黄昌祚旗杆夹石（清城区地方志办供图）

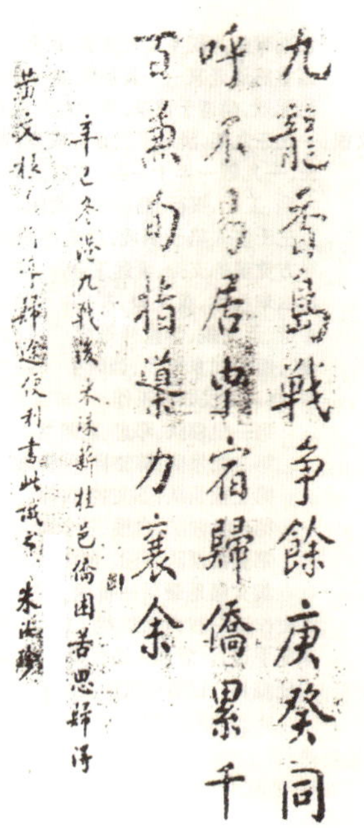

清代末科榜眼朱汝珍为黄文根题诗（东城街道供图）

黄茶塱村崇文尚武，人才辈出。其主要人物有清光绪十一年乙酉科“钦赐第一名举人”黄昌祚，香港洋务工会主席、香港清远同乡会副会长黄茂周，清远平民医院第一任院长黄文根等。

（供稿、复核：清城区地方志办）

黄茶塱村拓展介绍

清城区东城街道

蟠龙围

名片

- 朱氏宗祠
- 社坛

蟠龙围村貌（清城区地方志办供图）

蟠龙围，位于东城街道中部，距街道办事处约5千米。始建于明代后期，黎、朱、陈、李姓族人先后迁此聚居。村落附近山丘环绕，四水汇合，形似蟠龙，故取名蟠龙围。

该村现存传统民居20座，砖木结构，三间两廊一天井布局，坐东南向西北，大部分已无人居住。

村中保留有朱氏宗祠和蟠龙围社坛2座代表性传统建筑。朱氏宗祠，始建于清代中后期，后经历多次重修。三间二进布局，硬山顶，青砖

朱氏宗祠（清城区地方志办供图）

墙，人字封火山墙，两侧有青云巷与民居相隔。头门明间前设五级台阶，花岗岩石门框，门楣上悬一木牌匾，上书“朱氏宗祠”。墙楣彩绘人物、山水壁画，内置屏门。中堂秉礼堂为抬梁式构架，瓜柱承檩，木屏风上悬挂清代学者朱柏庐手书的《朱子治家格言》。上堂前设卷棚顶

蟠龙围社坛（清城区地方志办供图）

《云旦学校呈奉禁令》碑刻（清城区地方志办供图）

轩廊，抬梁式构架，瓜柱承檩，明间设神龛。朱氏宗祠是该村朱姓族人进行祭祖等活动的重要场所，现基本保存完好。蟠龙围社坛，位于朱氏宗祠前公路边，始建于清代中后期，原为青砖、麻石砌筑，中华人民共和国成立初期被拆除，20世纪八九十年代重建时改为红砖砌筑，保留原麻石构件，造型独特。

该村清代先后有贡生、监生、秀才等数十人，民国时期有国立中山大学文学系兼黄埔军校毕业生。1930年朱姓族人设立兴靖区私立云旦初级小学。现朱氏宗祠内仍保存有一块1932年的《云旦学校呈奉禁令》碑刻，该禁令是当时清远县政府为保护云旦初小的山林权益而颁发的。

（供稿、复核：清城区地方志办）

清城区横荷街道

百嘉大围

名片

- 义成向公祠
- “猫乸冬”
- 功名旗杆夹

百嘉大围旧村村貌（横荷街道供图）

百嘉大围，位于横荷街道东部，距街道办事处约1.5千米。始建于元末明初，向姓先祖向仕高和向仕宗两兄弟迁此繁衍而形成村落。村庄旧称“莲塘”，因村前面的大池塘过去生长有许多莲藕而得名。随着人口增长，村舍面积不断扩大，到清代中后期，取“吉祥乐善”之意而更名为百嘉大围，简称大围。

现存传统民居40座，砖木结构，三间两廊一天井布局，坐北向南，已无人居住。其中有一座建于晚清时期的传统民居，占地面积144平方米，三间两廊布局，墙体由青砖和灰砂混合砌成，是现存为数不多保留完整的青砖屋。

义成向公祠，始建于明万历二十八年（1600），后经历多次重修扩建。1994年在原址重建后的宗祠占地面积约240平方米，混凝土仿古结构，三间二进布局。头门为凹门斗式门面，门额石阴刻“义成向公祠”。上堂明间设有神台，供奉祖先牌位。大门左右两边共立有6对旗杆夹石，其中包括清咸丰元年（1851）举人向阳、清同治十二年

义成向公祠内景（清城区地方志办供图）

旗杆夹石（清城区地方志办供图）

百嘉大围古围墙遗址（清城区地方志办供图）

（1873）举人向秉猷以及清光绪十四年（1888）岁贡生向秉谟三父子所立的旗杆夹石。

村中现存2口古井，均为花岗岩圆形井圈，井壁用青砖砌造。古井为历代村民提供生活用水。1997年通自来水后，水井才逐渐荒废。村内原建有护卫村庄的围墙和炮楼，举人向阳曾组织民团抗击太平天国军队，后太平天国军队攻陷清远县城，将村中的古围墙和古炮楼毁坏。现村中仍遗留厚65厘米的围墙地基和古炮楼基础。

该村的“猫乸冬”习俗形成于明代，即村民提前一日过冬至。民国版《清远县志》卷四《舆地·风俗》记载：“冬至日普通做节，而八区则冬前一日举行，俗谓‘猫乸冬’”（岗头、赤岗各村）。清光绪《清远县志》谓：“其因先人避乱，迫不及待，致成例焉。”清城区横荷街道的赤岗朱姓、岗头刘姓、受田坑何姓、百加向姓至今仍沿袭此习俗。据村中老人讲述，此习俗源于4姓始祖迁徙逃难时没时间过正冬，遂提前过冬至。

（供稿、复核：清城区地方志办）

清城区源潭镇

龙狮田村

名片

• 客家鸡公狮舞

龙狮田村村貌（源潭镇政府供图）

龙狮田村，位于源潭镇东南部，距镇政府约6.8千米。据说，龙狮田村后山蜿蜒曲折形似龙，故名青龙山；村前山岭形似狮子头，名狮头岭。狮头岭前面的溪河蜿蜒流淌，溪河对面有一大片良田，称车田。潘姓先祖于清代中期由新丰县沙田镇迁至此地定居，取龙形、狮貌、良田之意，为村取名“龙狮田”，别名龙溪村。

该村的客家鸡公狮舞传统特色技艺形成于清代，由潘姓先祖从新丰县带入，是客家人传统文化的活化石。鸡公狮体形似公鸡，面似狮、虎，狮被长且艳丽，舞者模仿狮子、老虎、公鸡的静态、行走、跳跃和其他生活习性而舞，突出狮子和公鸡的精、气、神。龙狮田客家鸡公狮舞主要在春节、元宵节、清明节、重阳节等重大节日，祠

龙狮田客家鸡公狮舞配乐队（清城区文化馆供图）

堂入伙、客家围村赶龙（旺龙）、掺门口（旺屋）、宗亲联谊等村中重大喜事，以及祭祀、丧事（出殡等）时演出。丧事与喜事分别舞不同的狮头。2015年，龙狮田客家舞鸡公狮被列入清远市第五批市级非物质文化遗产代表性项目名录。

（供稿、复核：清城区地方志办）

鸡公狮（清城区文化馆供图）

清城区龙塘镇

井岭村

名片

- 广东省古村落
- 志诚书院
- 静轩王公祠
- 静轩家塾

井岭村村貌（龙塘镇政府供图）

井岭村，位于龙塘镇北部，距镇政府1.2千米，是井岭村委会所在地。据该村《王氏族谱》记载，王志渊（字静轩）于清乾隆年间从花县狮岭军田东坑村迁至此地，后繁衍发展逐渐形成村落。因该村远看似一口大井，故取名井岭村。2012年3月，该村被评定为第三批广东省古村落。

村中现存传统民居71座，有静轩王公祠和秉辉王公祠。静轩王公祠，始建于清乾隆十二年（1747），为供奉先祖王志渊而建，2009年村民自发集资重修。祠堂坐西南向东北，三堂两横布局，占地面积约1671平方米。

静轩王公祠（清城区地方志办供图）

中路三进二井。青砖墙，悬山顶，龙船脊。头门为凹门斗式门面，前设四步廊，木趟栊门，门口设有素面门枕石和很高的石门槛，寓意“高门第”。中堂内置屏门，屏门上方分别悬挂清嘉庆十八年（1813）所立的“成均进士”匾和清光绪年间所立的“文魁”匾。宗祠东西两路分别由十间横屋组成，中间以天井相隔，前后设有门楼。该祠堂规模较大，保存完整。

静轩王公祠横屋左右分别设有志诚书院和静轩家塾，均建于1947年，三间两廊布局，硬山顶，凹门斗式门面。村中还有井岭书塾学校，始建于1930年。

静轩家塾（龙塘镇政府供图）

秉辉王公祠，始建于清末，2011年重建，占地面积432平方米，青砖墙，琉璃瓦屋顶。宗祠存有书于清末的匾额“植槐门第，爱竹家馨”。祠堂头门木梁及柁墩雕刻有精美的花鸟瑞兽图案。

志诚书院（龙塘镇政府供图）

（供稿、复核：清城区地方志办）

清城区龙塘镇

三嘉村

名片

- 钟氏大宗祠
- 古民居
- 汤氏宗祠
- 北帝古庙
- 北兴门

三嘉村村貌（龙塘镇政府供图）

三嘉村，位于龙塘镇中部偏北，距镇政府约2千米。始建于南宋末期，是清城区目前所知建村最早的村庄之一。据村中长者讲述，钟姓族人最早从广州沙堤三家里迁至此地，后汤姓、邓姓陆续迁入。三姓族人在此地和睦相处，故取名“三家”，后雅称“三嘉”。三嘉村后来逐渐发展成由钟、汤、邓、林、禤、陈等10姓2000多人组成的大村。

该村布局严谨，原有环村的围墙、城楼及东、南、西、北四门等防御建筑，现保存有北兴门和与之相连的民国时期围墙一段。相传在抗日战争期间，三嘉村的乡勇曾利用这些防御建筑阻挡日军的攻势。村中有古民居、宗祠、社坛、古井、古墓等为数众多的文物古迹，现存传统民居100座，其中90座建于清代，每座占地面积约144平方

三嘉村传统民居（龙塘镇政府供图）

米，三间二廊一天井布局，水磨青砖墙，整体保存较好。村中东门朝宽钟公祠、南门钟氏大宗祠、南门汤氏宗祠、西门显辅钟公祠、北门钟氏大宗祠和北门星耀钟公祠6座宗祠，以及北兴门、三嘉村传统民居、建于明朝的钟文法夫妇古墓，均于2011年被公布为清城区不可移动文物。

北门钟氏大宗祠和南门汤氏宗祠建筑工艺水平较高，且保存相对较好。前者始建于清咸丰年间，坐北向南；后者始建于清光绪十四年（1888），坐西南向东北。两座宗祠均现存广两路，中路为三间三进布局，青砖墙，硬山顶，龙船脊，人字封火山墙。头门博古梁架雕刻瑞兽、花卉等吉祥图案，步架间有鳌鱼托脚。虾公梁上施石狮、异形斗拱隔架，石雕花卉雀替。中堂和上堂为抬梁式构架，瓜柱承檩。上堂明间内设神龛，供奉祖宗牌位。

北兴门（龙塘镇政府供图）

村西不远处有一座远近闻名的玉虚宫，俗称北帝古庙，始建于明代，与三水芦苞祖庙、佛山祖庙同承一脉，供奉北方真武玄天上帝。每年农历三月初三为北帝诞日，自庙宇建立后至中华人民共和国成立初期，村民每年都会在此举行

北门钟氏大宗祠（清城区地方志办供图）

汤氏宗祠（清城区地方志办供图）

隆重的庆祝仪式，香火鼎盛。古庙约于1955年被拆除，1995年在旧址重建，2007年在原基础上修建庙宇两侧衬祠，衬祠内分设财神殿、观音殿、文昌殿和太岁殿。农历每月初一、十五和传统节庆日，进庙参拜者甚多。

北帝古庙（龙塘镇政府供图）

（供稿、复核：清城区地方志办）

清城区龙塘镇

鳌岗地村

名片

- 广东省古村落
- 桂轩郑公祠
- 传统民居群
- 龙塘鱼冻

鳌岗地村村貌（龙塘镇政府供图）

鳌岗地村，位于龙塘镇西南部，距镇政府约6.8千米。始建于清顺治年间，郑桂轩迁至此地定居繁衍而形成村落。因村东边有一山岗形似鳌鱼，村民称此为鳌岗地，村名也由此而来。村中保存有清代的郑氏宗祠、桂轩郑公祠和较多古民居，整个村落布局合理，古色古香。2012年3月，该村被评定为第三批广东省古村落。

桂轩郑公祠（龙塘镇政府供图）

桂轩郑公祠，俗称“八柱厅”，坐东南向西北，广七路深三进，两侧有青云巷与三路民居相隔，前面有地坪和水塘（已填土）。地坪立有两对旗杆夹石，上刻“光绪二年丙子科广东乡试中式第三名举人郑兆熊立”。该祠为五间三进布局，占地面积738.4平方米。抬梁式构架，墙楣绘有精美壁画，做工考究。东西各二路，分别由三组三间两廊民居组成，主座三开间，中间为厅堂，左右为厢房；前为两

桂轩郑公祠壁画（龙塘镇政府供图）

郑氏宗祠（龙塘镇政府供图）

廊，作为厨房，中间为天井，天井四边的坡屋形成“四水归一”之势。中间为宗祠形制，其余为民居，整座建筑采用中轴线对称分布，厅与庭院相结合构成大型建筑群，采用梳式布局，保存着鲜明的清代建筑风格。

鱼冻（清城区文化馆供图）

村中郑姓有一道特色传统菜肴——鱼冻，其制作方法是把鳙鱼煎至金黄，加入切成段的蒜苗、盐、胡椒、干桔皮、醋等焖熟，可根据个人喜好加入鸡汤。鱼冻等到完全冷却后才吃，味道最佳。据传此菜是郑姓先祖刚到此地时，正好遇上过年，当时还没有住处，就蹲在别人家的屋檐下做饭，食材只有鳙鱼和一些蒜苗等，由于餐具不齐全，只好把所有的菜放入锅中一起煮，但吃不完又怕坏掉，于是就加入醋，留到下一顿继续吃。没想到这加了醋的鱼冻味道十分鲜美，也很开胃，后来就成为传统菜肴，流传至今，并成为鳌岗地郑姓每年春节祭祖宴席中必不可少的一道特色菜肴。2018年，龙塘鱼冻烹饪技艺被列入清城区第六批区级非物质文化遗产代表作名录。

村中长者向村民讲述鱼冻历史（清城区文化馆供图）

（供稿、复核：清城区地方志办）

鳌岗地村拓展介绍

清城区石角镇

塘头村

名片

- 忠宪第
- 三圣堂

塘头村村貌（清城区地方志办供图）

塘头村，位于石角镇北部，距镇政府约1.5千米。始建于明洪武三年（1370），冯孟一携族人自南海石涌迁至此繁衍生息而形成村落。因村庄建在池塘入口处而取名塘头村。

村中传统民居为三间两廊布局，砖木结构，红阶砖铺地。建于清代和民国时期的民居，多用青砖砌墙，部分为镬耳封火山墙；中华人民共和国成立后修建的民居则多为红砖墙。民居排列整齐，中间以青云巷相隔，巷口多建有门楼，门楼门额上分别刻有“福禄里”“居仁里”“起凤里”等字样，旧时配有趟栊门，以防盗贼。

居仁里门楼（清城区地方志办供图）

代表性民居有忠宪第和三圣堂。忠宪

忠宪第（清城区地方志办供图）

三圣堂（清城区地方志办供图）

第，建于清代，三进院落，分上房、厢房、门厅、院子等几部分，硬山顶，青砖墙，麻石墙基，木人字梁，筒瓦屋顶，墙楣彩绘人物、花卉图案。头门面阔三间，凹门斗式门面，麻石门框，装有木趟栊门和木掩门。2011年，忠宪第被公布为清城区不可移动文物。三圣堂，亦建于清代，三进院落，占地面积约300平方米，麻石脚，青砖墙，砖木结构，檐下饰有精美的砖雕，保存基本完整。

村中有宗祠4座，分别是孟一冯公祠、春祖冯公祠、世馀冯公祠和佑通冯公祠。其中，孟一冯公祠为全村冯姓族人的祖祠，于1997年重建。该宗祠为岭南传统祠堂建筑风格，三间二进布局，左右有衬祠，砖木结构，硬山顶，青色琉璃瓦屋顶，灰塑博古脊，镬耳封火山墙，墙体饰青瓷砖。

塘头有分村轮流过元宵、中秋节的传统习俗。塘头村分为十二晚、十三晚、大岭

孟一冯公祠（清城区地方志办供图）

头、下塱、冲下、坑巷、石顶、围基、新屋几个小村，以前十二晚村在农历正月十二和八月十二晚上，十三晚村在农历正月十三和八月十三晚上，大岭头、下塱在农历八月十一晚上，冲下、坑巷、石顶在农历八月十四晚上，围基、新屋在农历八月十五晚上轮流过节。现塘头各村都已改为在农历正月十五和八月十五当天过节。村民在节前用竹篾编织火龙及各式动物形状的宫灯，到庆祝的当晚，舞火龙，烧宫灯，活动持续一整晚。在各式宫灯中，相传大岭头的“鹅仔笼”宫灯以其出色的手艺冠绝各村，可惜现已失传。

传说古时塘头有一座大皇庙，第一、二层供奉菩萨；第三层为文昌阁，乃读书之地，相当于书塾。庙顶悬挂一口钟，据说是清远最古老的大钟。每逢重大节日，村民都会到此祭祀。

清城当地流传着一个有关名宗大族的顺口溜——“塘头冯，三嘉（龙塘）钟，茅涌（横荷）蔡七公”，另民国版《清远县志》卷二十《杂录·书香名族》记载有“……塘头之冯氏……邑中清华之族也”。塘头冯姓历代人才辈出，仅在民国版《清远县志》中记载的人物就有：清嘉庆副贡生、教谕冯献修，清光绪贡生冯祖诒，清末曾任永康州知州、思恩府知府的冯应镛，岳州府通判冯国桢，民国时期留美博士冯炳让，民国时期国民大学法科毕业生冯荣绍等。

（供稿、复核：清城区地方志办）

清城区石角镇

沙步村

名片

• 吴氏宗祠　• 瑶亭书舍

沙步村村貌（石角镇政府供图）

沙步村，亦作沙埗村，位于石角镇西南部，距镇政府约10千米。村落始建于明末清初，据村民所述，吴姓先祖吴广贤以教书为业，从顺德水藤落户于此，繁衍生息而成村落。村民使用的方言被称为清远“蛇声”。

现存宗祠多座，较有名的有吴氏宗祠、瑶亭书舍、伯常宗祠和振达公祠，其中吴氏宗祠规模较大。根据祠堂左廊檐柱石刻记载，吴氏宗祠始建于1932年，

吴氏宗祠（清城区地方志办供图）

2018年重修。坐西南向东北，广两路，占地面积约538.2平方米。三间二进布局，砖木结构，板瓦屋顶，硬山顶，人字封火山墙，灰塑博古脊，青砖墙。大门悬有木刻对联“教育开沙步，渊源溯水藤”。上堂内设神台，供奉先祖牌位；堂前带两廊一井。左侧为衬祠，与宗祠以青云巷相隔，由头厅、仓库和厨房构成。祠堂前地坪以灰砂铺就。

瑶亭书舍（清城区地方志办供图）

瑶亭书舍，是吴姓族人获取功名后，为纪念始祖吴广贤于清嘉庆九年（1804）建成；分别于民国初期、2004年重修，总体仍保持清代建筑风格。原为面阔三间、深二进四合院式布局，民国初期重修时在左侧加了一排房屋。总体由头门、后堂、客房、厨房和三个廊构成，占地面积345平方米。砖木结构，素瓦硬山顶，镬耳封火山墙，灰塑龙船脊，青砖墙，红阶砖铺地。前院设一围墙和两门。

古井（清城区地方志办供图）

吴氏宗祠右前方有一口古井，麻石井圈，内圆外方，砖砌护壁，方形井台由麻石砌筑，井水甘洌。据村民介绍，这口古井是吴姓先祖迁到此地后最先开凿的古井之一。

（供稿、复核：清城区地方志办）

清城区石角镇

下回岐村

名片

- 古祠堂
- 回岐文笔塔

下回岐村村貌（清城区地方志办供图）

下回岐村，位于石角镇西北部，距镇政府约4千米。村庄始建于明代，世居村民有何、叶、李、成等姓。因村西有回岐山，上游有上回岐村，故取名下回岐村。村内池塘密布，东面紧邻北江。

村中保留有宗祠和社坛等多座传统建筑，以及多口古井和众多古树。宗祠中的德全何公祠、简轩公祠（何氏）、宅成公祠（何氏）、懋堂叶公祠和振棠叶宗祠保存较完好。

德全何公祠（清城区地方志办供图）

德全何公祠，始建于1940年，2007年重修。坐东向西，三间二进布局，建筑面积约150平方米。硬山顶，青砖墙，人字封火山墙。祠堂前地坪上立有功名旗杆夹石一对，青石材质，上刻“光绪二十六年考选第一名贡生何履中立”。

懋堂叶公祠，据1995年重修的碑记记载，该宗祠始建于明代，现存建筑为清代后期建筑风格。坐东南向西北，三间二进布局，硬山顶，博古脊，人字封火山墙，青砖

懋堂叶公祠（清城区地方志办供图）

古榕树和社坛（清城区地方志办供图）

回岐文笔塔（清城区地方志办供图）

墙，素胎瓦当滴水剪边。宗祠左侧有两棵古榕树，两棵古树之间筑有花岗岩社坛。

村东面的北江西岸上有一座回岐文笔塔，始建于1920年（一说1921年），原名文塔，俗称红岗塔。塔呈六角形，青砖砌筑，分三层，底层为实心，二、三层为空心，塔高6米，至今保存完好。回岐文笔塔于2012年被清城区人民政府公布为第四批文物保护单位。“石角回岐文笔塔的传说”于2021年被列入清远市清城区第七批区级非物质文化遗产代表作名录。

（供稿、复核：清城区地方志办）

清城区飞来峡镇

旧岭村

名片

- 广东省古村落
- 炽堂李公祠
- 央视纪录片取景点
- 古井

旧岭村村貌（飞来峡镇政府供图）

旧岭村，位于飞来峡镇西南部，距镇政府15千米。村落始建于明万历年间，据《李氏族谱》记载，李姓始祖李炽堂与同宗兄弟李曾、李涂从翁源到清远谋生，在县城北郊以锻造铁器为业，同时将妻儿安置在咸泰乡（今飞来峡镇高田片）新塘围村暂居。随后，为了稳定下来，便到此地开村定居。2015年3月，该村被评定为第四批广东省古村落。

村落背靠青山，面朝田野，村前有一个与房屋几乎等宽的月塘。房屋由三路五组三间二廊二门楼组成，坐北向南，排成一列列，布局严谨，井然有序。村落总体结构较完整，但因年代过于久远，其中的一部分建筑已被拆除重建，呈现出不同时代的建筑风貌。2010年7月，央视人文纪录片《大迁徙》摄制组曾前往该村取景，寻找客家人迁徙的足迹。

古民居与门楼（清城区地方志办供图）

炽堂李公祠，始建于清代，2008年重修；坐北向南，三间三进布局，占地面积362平方米；硬山顶，龙船脊，碌灰筒瓦，寿字纹瓦当，青砖墙。头门面阔三间，进深十一架，前设三步廊，前廊以柁墩、斗拱承托梁架及檩条，柁墩雕刻人物，步架间有鳌鱼托脚，下饰木雕人物雀替；2根石前檐柱，虾公梁上置石狮、异形斗拱隔架，梁下

炽堂李公祠头门（清城区地方志办供图）

炽堂李公祠内景（清城区地方志办供图）

饰石雀替；花岗岩石门框，石门槛，门额石阳刻“炽堂李公祠”；封檐板木雕人物、花鸟图案，墙楣彩绘人物、山水壁画；内置屏门。中堂面阔三间，4根木金柱，2根石岩柱，抬梁式构架；堂前带一井两廊，两廊六架卷棚顶。上堂面阔三间，4根木金柱，2根石岩柱，抬梁式构架；明间内设神龛及祭台，供奉李姓历代祖宗牌位；堂前带一井两廊，两廊六架卷棚顶。该祠堂结构基本完整，工艺精湛，对研究当地清代祠堂有一定的参考价值。

旧岭村古井（清城区地方志办供图）

村中有一口古井，始建于清代。井口呈圆形，井圈和井台由24块青花岗石铺砌而成，井壁由青砖砌筑，井台外围石砌矮围栏。

（供稿、复核：清城区地方志办）

清远历史文化村

清新

历史文化村

清新区太和镇

塔脚九村

名片

• 鳌头塔

塔脚九村村貌（谢云龙　摄）

塔脚九村，位于太和镇南部，距区政府约7千米。始建于清朝，李、雷、林、陈、黄姓先祖率领族人迁此定居而形成。村落因建在鳌头塔脚下，故取名塔脚村。随着人口增多，村落规模逐渐扩大；1958年，塔脚村划分为11个自然村，该村取名塔脚九村。

现存传统民居3座，为三间两廊广府建筑风格，硬山顶，夯土墙或砖墙，木瓦盖顶。

鳌头塔，俗称飞水塔，位于该村回澜飞水口西岸，始建于明万历十三年（1585），由永州通判钟于田倡建，曾于清顺治十一年（1654）、清康熙三十二年（1693）、清雍正七年（1729）、清雍正十一年（1733）、清道光二十年（1840）、清同治元年

鳌头塔局部（钟洁华　摄）

（1862）和2008年重修。鳌头塔为九层八面楼阁式构造，砖砌，五平列狗牙砖出檐，下塑花纹，第二层刻有“高占鳌头”四字。塔高29.7米，每面阔3.4米，建筑面积55.8平方米。清同治元年（1862），鳌头塔以“鳌塔晴烟”荣登清远“名胜八景”榜首。2010年5月，该塔被列为第六批广东省不可移动文物保护单位。

（供稿：张静珊；复核：钟洁华）

鳌头塔拓展介绍

位于塔脚九村、北江河畔飞水口的鳌头塔（钟洁华　摄）

清新区山塘镇

东门村

名片

• 三人燕尾龙舟

东门村村貌（谢云龙　摄）

东门村，位于山塘镇中部偏西，距区政府约24千米。村落始建于明正德年间，因位于马安岗之东，是马安岗的东大门，故取名东门村。村南面为山塘内坑河。

传统民居为三间两廊广府建筑风格，硬山顶，砖木结构，现存18座。

村内建有萃圣古庙（供奉北帝）。每年农历三月初三北帝诞，村民拜祭北帝，举行“抢花炮”活动（该活动在中华人民共和国成立后停办）。每年清明，山塘系薛姓（含外迁的清远石马、港澳及海外等宗亲）前往回澜花塘（太祖墓）和猫尾岗（太婆墓）祭拜祖先。

山塘内坑河，经马安与三坑、太平坑水汇入三水漫水河而出北江，历史上是清远、四会、广宁、三水交界处的黄金水道。相传宋朝狄青平南时，即用此水道运送士兵和粮草。狄青用戟探水深，因水流湍急而失天戟，故有“狄青失戟漫水河”之传

三人燕尾龙舟比赛整舟待发（吴明　摄）

说。水道沿途建有狄青庙、文武庙。

东门村素有参加马安岗“赛龙舟”的民俗。该民俗形成于明代中期，每逢农历五月十三举行。龙舟形似燕尾，习惯由三人划之，故俗称“三人燕尾龙舟”。传统的三人燕尾龙舟比赛，一般不固定比赛时间，开始后直至没人追赶时结束，划龙舟圈数多者获胜，因此比赛期间会出现挑灯夜战的壮观场面，有时比赛甚至持续到第二天。20世纪80年代开始，比赛规则改为在规定时间内圈数最多者获胜，而近年又将比赛规则定为在规定的两个小时内，在4千米的水面上，所划圈数多者获胜。奖品多为烧猪、酒、锦旗、罗伞，还有奖金。三人燕尾龙舟比赛的日子是当地的一个盛大节日，在外的村民都会回家，附近乡镇的群众皆前往观看，沿岸村庄的村民也会宴请亲戚朋友并一起观看比赛。2011年，三人燕尾龙舟成功申报为广东省第四批非物质文化遗产。

三人燕尾龙舟比赛（吴明　摄）

（供稿：张静珊；复核：钟洁华）

清新区山塘镇

正江村

名片

•政江塔

正江村村貌（钟洁华　摄）

正江村，位于山塘镇北部，距区政府约13千米。村落始建于清代，村东面为北江，北面为滨江，因正处北江和滨江的汇合处而取名正江村，别名正江口。

该村传统民居为三间两廊广府建筑风格，硬山顶，砖木结构，现存36座。

正江村边的北江大堤上有一座政江塔。据1937年版《清远县志》记载，政江塔在城西二十五里滨江海口，距鳌塔下八九里，与之对峙，为邑城下关之捍门，形势重要。清光绪十七年（1891），知县何福海倡建此塔，并在对岸建文阁，以振文风。绅士邱显禧、朱润芳、赖子鸿、陈元清、朱栋材、黄昆熊、吴元辉、麦颖芳等共捐银三千二百一十九两，加上各方筹资，最终建筑文塔共用银五千七百二十二两余，建筑文阁共用银一千四百余两，合计费用一应支银七千一百八十余两，其数目已刻碑立于青云路。该塔坐西南向东北，塔高35.1米，每面阔3.5米，墙厚2.6米，建筑面积59平方米，为九层八面楼阁式砖塔，下塑花纹，每层以菱角牙砖和挑檐砖相间叠出檐。各层辟拱形真门2个，其余为拱形假门，角柱、门框、窗框、檐砖均被涂成朱红色。铁铸塔刹由覆盆和九层相轮、葫芦等组成，第二层门额石匾上刻有“中流砥柱”四字。2015年12月，政江塔被列为第八批广东省文物保护单位。

（供稿：张静珊；复核：钟洁华）

政江塔（钟洁华　摄）

清新区太平镇

门口岗村

名片

•芳顺陈公祠

门口岗村村貌（罗炜彬　摄）

门口岗村，位于太平镇南部，距区政府约22千米。村舍坐北向南，大坑河、石蛤坡河从村东面流过。村落始建于清初，陈姓先祖陈国芳、陈国顺两兄弟带领族人来此开村定居；中华人民共和国成立前后，钟、欧、潘等姓先后迁入聚居。因村前（当地话作“村门口”）有两座山岗而取名门口岗村，曾用名门溪村。

芳顺陈公祠，始建于清光绪十五年（1889），坐北向南，广三路，中路面阔三间，深三进，总面阔30.43米，总进深37米，建筑占地面积1126平方米。硬山顶，镬耳山墙，素胎筒瓦，青砖墙，花岗岩石脚。头门面阔三间，砖木结构，内置屏门，石前

芳顺陈公祠外景（钟洁华　摄）

檐柱，虾公梁，梁上置石狮，金柱用木柱石础，花岗岩石门框，石门额上阴刻“芳顺陈公祠”，落款为“光绪己丑秋月，南海陈葆端”。衬祠建于民国时期，以青云巷相隔。左路衬祠作为村中自办小学使用，为纪念村中太公“伯起公”而命名为“伯起初级小学”；右路衬祠为本族商议重要大事的场所——本族自治事务所。衬祠前为中西结合的四柱三间圆拱门，硬山顶，人字山墙。2010年12月，芳顺陈公祠被公布为清新县文物保护单位。

伯起初级小学（钟洁华　摄）

本族自治事务所（钟洁华　摄）

位于芳顺陈公祠内的"乡村记忆馆"（钟洁华　摄）

兴利堂、大利堂修巷碑（钟洁华　摄）

村中有兴利堂、大利堂修巷碑。修巷碑立于清光绪二十三年（1897），原作为纪念修巷的门楼上的门楣，后门楼被破坏，只剩下石碑。

村中建有文化长廊，展示村史简介、名人简介、村训、祖训等。2015年，清新区政府在该村成立"文化驿站"，组建门口岗村曲艺社、广场舞健身队等。

（供稿：张静珊；复核：钟洁华）

清新区三坑镇

白米埔村

名片

•朱氏大宗祠　•迎祥门

白米埔村村貌（白米埔历史文物研究会供图）

白米埔村，位于三坑镇东部，距区政府约30千米。始建于元末明初，因此处水源充沛，鱼米丰盛，故取名白米埔。清末至民国时期，商品经济逐步发展，村中开设有杂货铺和药材铺，民国时期该村有“白米埔墟”之称。

村中现存三间两廊广府传统民居80座。其中，建于清代中期至民国初期的三间两廊青砖大屋有50多座。村中现存4座宗祠——朱氏大宗祠、浩源公书室、少泉公祠、述先公祠。其中，朱氏大宗祠始建于明初。据《敦伦朱氏族谱》记载，朱氏五世祖朱廉（1425—1492）“于祠旁半里建立四庙”，可知该祠始建年代不晚于明成化年间

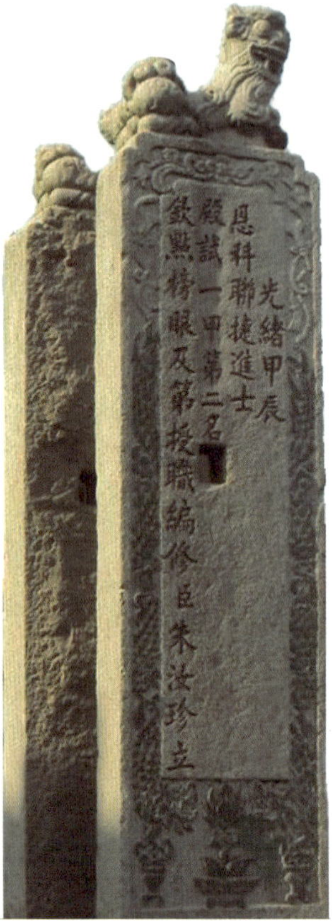

朱汝珍“榜眼及第”旗杆夹
（朱子怡　摄）

（1465—1487），后历经多次重修扩建，其现存格局成型于清代中后期。宗祠坐西北向东南，面阔三间，进深五叠，总面阔13.3米，总进深56.3米。前三进为朱姓宗祠，后二进为文公祠，是粤北地区现存最高大、保存最完好的宗祠之一，其五进格局在省内罕见。文公祠更是清远地区唯一现存的崇祀朱熹的专祠，为研究程朱理学对当地的影响提供了不可多得的实物资料。该宗祠为砖木结构，硬山顶，镬耳封火山墙。正门前竖立有功名旗杆夹多座（“文化大革命”时期被毁坏，2017年重修时修复了一部分），旗杆夹的数量为清远当地之冠，其中包括清代末科榜眼朱汝珍所立的“榜眼及第”旗杆夹。中座原悬挂有“进士”“文魁”“武魁”等功名牌匾十余方，可惜绝大部分已被毁。2010年12月，朱氏大宗祠被公布为县级文物保护单位。

村西南面矗立有一座门楼，始建于清光绪二年（1876），坐东北向西南，面阔4.75米，建筑面积2平方米，墙壁厚0.47米，屋脊高9米，青砖砌造，麻石门套，

朱氏大宗祠（朱健明　摄）

迎祥门（朱健明　摄）

大门上方镶嵌“迎祥门”三字麻石匾，落款为“光绪二年，孟秋月建”。门楼两边原有围墙环绕，中华人民共和国成立后逐渐被拆毁。2010年12月，迎祥门被公布为清新县文物保护单位。村北原建有泰安门，其形制与迎祥门一致，中华人民共和国成立后被毁。

村边曾遍种古树名木，现存1棵树龄超过500年的大榕树和4棵红豆树。

民国版《清远县志》卷二十《杂录·书香名族》记载：“……白米埔之朱氏……邑中清华之族也。”白米埔村在明代中期即设有“白米埔社学”。清末至民国时期，设有私立诒燕初小和私立信太小学（因学校的经费由祖尝承担，故名“私立”）。该村有明清时期的进士1名、举人8名、贡生9名以及监、廪、增、附生员等近200名，民国时期有大学生2名。

《敦伦朱氏族谱》（朱健明　摄）

清道光七年（1827），朱姓先祖曾编纂有白米埔朱姓全族大族谱——《敦伦朱氏族谱》，现存残卷4册，是目前发现的广东省内出版年代最早的朱姓族谱之一。

（供稿：张静珊；复核：钟洁华）

白米埔村拓展介绍

清新区龙颈镇

凤塱围

名片

•中国传统村落 •炮楼

•广东省古村落

凤塱围村貌（钟洁华 摄）

凤塱围，位于龙颈镇南部，距区政府约34千米。村落始建于清代中期，因村前的水塘边有一棵花钩树，故取名花钩塱。后来，村民认为村名不雅，改名为凤塱围。该村于2012年3月被评定为第三批广东省古村落，2013年被评定为第二批中国传统村落。

凤塱围坐南向北，建筑布局为广十路，每路各由十进三间两廊民居组成，以巷道相隔。东西宽313米，南北长223米，占地面积69799平方米。现有民居103座，大部分为夯土墙、悬山顶、砖木结构的瓦房。古村每间住宅的朝向、宽度、门口定位、巷距以及同一横向的进深与高度都经过统一规划，形成排列有序、前低后高的格局。村落

凤塱围正门（钟洁华　摄）

正面（北面）门楼上有花岗岩门额，上面阴刻“凤塱围”三个大字。除了北门，东面也设有1座门楼，西面则有2座门楼。门楼之间有围墙或横屋连接合围，村内每条巷道也有门楼；外围门楼均设有阁楼，可派人值更，因而又称为“更楼”。村中现存1座黄氏宗祠，始建于清代，占地面积120平方米。村落整体设计突出防御功能。

凤塱围东、西面各有1座炮楼，均始建于清代，建筑风格相同，高15米，共5层，每层用杉木条和木板铺设，四面各有3个以上射击角度为45°的瞭望孔。首层长7.28米，宽5.04米，墙体厚0.65米，用河砂、石灰和少量的泥土混合，经堆沤后舂墙，当地称之为“熟浆墙”，其特点是厚实坚固。抗日战争时期，村庄曾遭受日军侵略，炮楼的墙面上至今仍可见累累弹痕。

凤塱围古民居建筑群（钟洁华　摄）

解放战争时期，国民党河洞乡公所设在凤塱围。中国人民解放军粤桂湘边纵队连江支队为了解放凤塱围，曾三次对它发动进攻，但因凤塱围楼高墙厚，无法取胜。后来连江支队展开阵前对话，经过谈判，村内所有武装人员宣布起义，最后和平解放凤塱围。连江支队曾在南冲、石马一带活动，该村村民支持配合部队，在当地开展减租减息及清匪清霸活动，为部队出粮出力。1994 年，经广东省人民政府批准，该村被评划为解放战争时期革命老区村。

该村的抗清义士黄洪崑（1888—1910），曾发动士兵50多人加入同盟会，获得优等勋章。清宣统二年（1910）正月，黄洪崑率领士兵参加同盟会发动的庚戌广州新军起义，在广州燕塘牛皇庙一带与敌人血战数小时，因寡不敌众战败，不幸被俘，遭严刑审讯，但他坚贞不屈，誓“以革命为宗旨，虽死不变”。

凤塱围小石巷（钟洁华　摄）

（供稿：张静珊；复核：钟洁华）

清新区龙颈镇

水东村

名片

- 赞府第民居
- 南阳居门楼
- 东阳里民居
- 水东围炮楼
- 万龄白公祠

水东村村貌（罗炜彬　摄）

水东村，位于龙颈镇东部，距区政府约29千米。村落始建于明初，因位于滨江东岸而取名水东村。

赞府第（钟洁华　摄）

水东村历史悠久，部分民居已逾百年，传统民居为三间两廊广府民居，多为砖木结构的瓦房，现存116座，其中代表性民居有赞府第古民居和东阳里古民居。两座民居均建于清光绪年间，坐东向西，青砖墙，硬山顶，抬梁式砖木结构，梁架驼峰、斗拱等雕有各式人物及纹饰。赞府第古民居，面阔11.24米，总进深31.33

米，占地面积352平方米；左右并排各三栋，中间是青云巷，巷口门楼镶嵌“赞府第”麻石匾额。东阳里古民居，面阔11.73米，总进深46.43米，占地面积545平方米；左右并排各六栋，中间是青云巷，巷口门楼镶嵌“东阳里”麻石匾额。

村中现存宗祠2座，分别是万龄白公祠和剑泉黄公祠。万龄白公祠始建于清嘉庆二十一年（1816），2002年重修。该宗祠坐东向西，三间二进，面阔11.56米，通进深24.15米，占地面积279平方米。硬山顶，镬耳封火山墙，绿琉璃瓦当滴水剪边，正脊饰琉璃双龙戏珠。头门面阔三间，两根石前檐柱，木檐枋，次间设包台。石门框，石门枕，门额石阴刻“万龄白公祠”，落款为“嘉庆丙子孟秋立，八世孙候补州同殿芳敬刊”。墙楣彩绘壁画。内设屏风。上堂面阔三间，抬梁式架构；内设供桌，供奉祖宗牌位。堂前带两廊一井。祠堂两侧为青云巷，与民居相隔。剑泉黄公祠，始建于清代，1985年重修，占地面积130平方米。

村内其他传统建筑也较多，代表性的有南阳居门楼和水东围炮楼。南阳居门楼，始建于清道光二十一年（1841），坐南向北，面阔5.54米，进深6.5米，占地面积36平方米，墙壁厚0.4米，屋脊高6米，硬山顶，青砖墙，左右两边有围墙，大门门槛以麻石构件镶嵌，上方刻有“南阳居”三个大字，落款为“道光辛丑茂园书”，原配有趟

万龄白公祠（钟洁华　摄）

栊和实木大门。门楼墙体宽厚，坚实牢固。水东围炮楼始建于清代中后期，坐西南向东北，面阔4米，进深3.9米，首层建筑面积16平方米，墙壁厚0.4米，炮楼高9米，共三层，每层阁楼用杉木条和木板铺设，第二层以上四面各有2个以上射击角度为45°的瞭望孔。大门门槛以麻石构件镶嵌，原配以趟栊和实木大门。墙体用河砂、石灰、黄泥和少量植物纤维混合，经堆沤后舂墙，墙体宽厚，坚实牢固。

南阳居门楼（钟洁华　摄）

赞府第民居、东阳里民居、万龄白公祠、南阳居门楼和水东围炮楼均于2011年被列入清新县不可移动文物名录。

水东村人才辈出，历史上有明世袭锦衣卫百户、清远卫指挥使白廷用，明太平府教授兼训导白璿，明诰赠武节将军、清远卫镇抚白荣等乡贤。

（供稿：张静珊；复核：钟洁华）

水东村拓展介绍

清新区龙颈镇

城堶村

名片

• 广东省古村落　• 隋代政宾县遗址

城堶村村貌（钟洁华　摄）

城堶村，位于龙颈镇东部，距区政府约30千米。村落始建于明正德八年（1513），因建在古城遗址上而取名城堶村。曾用名中宿围，别名中宿居。2012年3月，该村被评定为第三批广东省古村落。

古城墙遗址（钟洁华　摄）

整个村庄营筑于古城遗址上，现村内仍保留着数段以黄泥、黏土、碎沙石等混合砌成的城墙。村前有几口

中宿居（钟洁华 摄）

被土基分隔开的水塘，从其结构可辨别以前护城河的模样。传说该古城遗址是建于汉武帝元鼎六年的中宿县以及建于隋开皇十年的政宾县的遗址。

村落根据八卦象数，将原中宿居设计为一个“七星伴月，九曲回环水”的堪舆格局。主体建筑以中间巷为中轴线对称分布，南巷、北巷位于其中，平面由广十五路十八进三间两廊民居或草屋组成；中间巷以南分布有广十四路十二进民居或草屋，以北分布有广十路十四进民居或草屋。现存民居290多间，大多为青砖墙，硬山顶，龙船脊，镬耳山墙，凹门斗式门面。三间两廊民居又各具特色，有的前为厅堂，后为房间，二楼为八角形楼阁；有的二楼为三开间前带阳台，直上三楼则为天台；有的在二楼天井护栏上砖雕彩绘方胜、花瓣、圆光图案，天台两侧有梯形烟囱。民居之间有青云巷，纵横交错，起到通风、防火、排水、采光、晾晒、交通、栽种花木等作用。青云巷门楼额石刻有“青云直上”四字。

九座楼是村中具有代表性的传统民居群，建于清代，建筑连片集中，青砖墙，三山式斗砖封火墙，硬山顶，各类飞檐、灰雕、木刻特色鲜明，其中一座民居内保留有一副书于清代的楹联“耕轩别墅，崇善精舍”。

中宿居泽荫亭（钟洁华　摄）

村中保存有较多的传统建筑，包括传统民居、宗祠、风雨亭、门楼、炮楼、古水井等，其中黄氏大宗祠、泽荫亭和古城遗址均被列入清新区不可移动文物名录。

泽荫亭，始建于明代。该亭为四角亭，歇山顶，四柱用麻石支撑，飞檐挂角，庄重古朴。

城堌村一度学风鼎盛，现存私塾遗址有黄大夫家庙、晚香草堂和瑯祖家塾。该村晚清秀才黄龙图、黄龙瑞受“百日维新”的影响，联合乡间志士黄钟立、黄本权和黄木榕，于1929年创办了维新小学。

晚香草堂（钟洁华　摄）

（供稿：张静珊；复核：钟洁华）

清新区禾云镇

横岗村

名片

- 天堂山
- 陈凤台墓
- 大仙庙

横岗村村貌（谢云龙　摄）

横岗村，位于禾云镇西北部，距区政府约50千米。村落始建于清朝，陈姓、温姓先祖率领族人迁至此地定居而形成。因坐落在横岗里，故取名横岗村。

传统民居为夯土墙、砖木结构的三间两廊广府民居，现存7座。

村中有陈氏宗祠，始建于清代，2003年重修。该宗祠占地面积80平方米，单堂，青砖朱瓦，正门有楹联“原籍溯新丰派衍颍川言远达，迁居来中宿华堂济美振家声”，宗祠内有一块立于清代的碑刻“横岗里”。现仍作宗祠使用。

该村附近的天堂山上有一座古庙，名为大仙庙。解放战争时期，粤桂湘边纵队连江支队三团派遣滨江独立中队副中队长兼筹粮小分队队长廖四进驻大仙庙，开辟根据地，逐步向山下担川坳发展革命力量，策反敌伪人员，同时筹集粮食和枪支弹药。近年，大仙庙经过修缮后内部建筑保存较好。

陈凤台墓（钟洁华　摄）

大仙庙南面有陈凤台墓。陈凤台墓建于南宋，坐西北向东南，墓前为石砌祭台，坟头由山卵石砌筑，墓前石砌享堂，祭台下有清光绪二十年（1894）重修的拜桌，花岗岩石质，上面刻有“光绪甲午年陈府拜桌，秋季重建”字样。墓前方约80米处有一口浅水塘，面积约100平方米，塘前两侧各立有大小相同的华表柱两条，左边两条刻有立华表人的姓名及科举官衔，右边两条均刻有“光绪二十年重建”字样。2004年，陈凤台墓被公布为清新县文物保护单位。

每年4月，在海拔1200多米的天堂山上，漫山遍野的杜鹃花盛放，吸引众多游客登山赏花。杜鹃花又名映山红，适合生长在海拔高的地方，天堂山花海面积约0.33平方米，杜鹃平均树龄在100年以上。清明节后杜鹃花会进入花期，持续约1个月。

（供稿：张静珊；复核：钟洁华）

大仙庙（钟洁华　摄）

清新区禾云镇

凉水坑村

名片

• 北帝祖庙　• 新洲抢花炮

凉水坑村村貌（罗炜彬　摄）

凉水坑村，位于禾云镇北部，距区政府约45千米。村落始建于明代，因附近有一个名为凉水坑的山坑，故取名凉水坑村。

传统民居为三间两廊广府建筑风格，悬山顶，夯土墙，木瓦盖顶，现存5座。村内设有社主公位。

村落附近有新洲北帝祖庙，始建于清初，分别于清嘉庆年间、清道光年间、民国时期、20世纪末重修。祖庙坐西北向东南，二进一井，面阔12.37米，总进深13.36米，硬山顶，抬梁式混合结构，正殿供奉北帝和南宋铁甲将军王九都的牌位。每年除夕、正月初一、元宵节、三月初三、清明节、端午节、中秋节、冬至等节日，村

庙会祈福（朱健明　摄）

新洲北帝庙炮会活动（钟洁华　摄）

民前往祖庙拜祭。2011年，该祖庙被列入清新县不可移动文物名录。

北帝庙炮会于每年农历三月初三举行。新洲自有历史以来，就由六乡一居（即富罗、新连、新洲、溢坑、官田、罗东、居委）组建北帝庙会，设理事会成员若干名。抢花炮活动举办之前，理事会通过投标产生5名主事人，由这5名主事人主持活动。节日当天，清远各个自然村的村民一大早从四面八方聚集到北帝庙。妇女们挑着盒篮（里面放有鸡、糍粑、酒、果、茶、红包、糖、黑芝麻等）到北帝庙上香、拜祭、放鞭炮。花炮一般为竹笼形状，一共有5个炮圈，外层裹一层禾草，草上贴三色纸，绘有“过五关，斩六将”的图案。花炮点燃后升到空中，随着炮声一响，人们蜂拥而上，争夺“炮首”。人们的欢笑声，锣鼓的敲打声，鞭炮的齐鸣声，响彻北帝庙的上空，热闹壮观的场面一直持续几十分钟，直到幸运儿举起手上的炮圈，大声喊：“我抢到啦。”这时，主持人挥舞手中的指挥旗，鸣锣宣布这次抢到炮圈的名单，依次公布第一名至第五名，公布完后放鞭炮，打锣鼓，热闹一番才宣布庙会结束。各自然村的舞狮队这才兴高采烈地抬着炮圈和供品打道回府。抢到炮圈的村，经过一番筹划后，安排在第三天上午十点准时开始竞投，价高者得，每一件大小物品都公平、公开、公正地竞投，无一例外。2011年，新洲抢花炮被列入市级非物质文化遗产名录。

（供稿：张静珊；复核：钟洁华）

清新区浸潭镇

虎尾村

名片

- 盘古庙
- 山顶炮楼
- 成氏宗祠
- 通灵台炮楼

虎尾村村貌（谢云龙 摄）

虎尾村，位于浸潭镇东部，距区政府约59千米。始建于明万历四十三年（1615），成姓先祖率领族人迁至此地定居而形成。因村落建在虎尾河岸上而取名虎尾村。

村中现存盘古庙、成氏宗祠、山顶炮楼和通灵台炮楼等传统建筑，其中成氏宗祠、山顶炮楼和通灵台炮楼均已被列入清新区不可移动文物名录。

盘古庙，始建于明末，2014年重建。每年春节、清明节、端午节、中秋节、农历十一月十九（盘古诞），村中长者组织村民到盘古庙祭拜和祈福。

盘古庙（成财合　摄）

成氏宗祠，始建于1918年，1998年重修。宗祠坐西向东，三进二井，面阔5.86米，总进深24.25米，占地面积约142平方米，结构完整，头门有屏风，硬山顶，大门上方镶嵌“成氏宗祠”匾额，落款为“民国岁在戊午季立”。

成氏宗祠（成财合　摄）

山顶炮楼始建于民国初期，位于山顶之上，坐西北向东南。炮楼高6米，共2层，每层建筑面积10平方米，面阔3.08米，进深3.4米，墙壁厚0.26米，墙身由青砖砌造，每层四周各有3个以上射击角度为45°的瞭望孔。

通灵台炮楼（邱小萍　摄）

通灵台炮楼始建于清末民初，坐西向东，高15米，共5层，建筑面积24平方米，面阔4.92米，进深4.95米，墙壁厚0.43米，大门口门槛以麻石构件镶嵌，配以趟栊和实木大门，第一、四层各有一个大窗户；第二层以上四周各有2个以上射击角度为45°的瞭望孔；第四层有装饰图案，灰塑“通灵台”三个大字，并配有对联“通国文明盛，灵台瑞霭多”。

虎尾村千古山泉水由山上流出。据传，虎尾始祖成碲保与夫人唐氏于明末行至此地，口渴难耐，正苦恼中，但见一道清泉喷涌而出，两人便取水解渴，顿觉甘甜透心、神清气爽，于是决定在此地定居。自此，成氏开枝散叶，繁衍后裔二十代，至今共有2000多人。

虎尾村千古山泉水（邱小萍　摄）

虎尾村建有乡村记忆馆，馆中收藏有许多以前种植水稻的农具、用于制作豆腐的豆腐桶和豆腐架等农具以及槽柜、油灯、红礼盒等极具乡土文化气息的民俗物品，部分农具已有百余年历史。

（供稿：张静珊；复核：钟洁华）

清新区浸潭镇

下迳村

名片

- 福清邹公祠
- 关爷厅
- 旗杆夹石碑

下迳村村貌（谢云龙　摄）

下迳村，位于浸潭镇东部，距区政府约60千米。村落始建于明末清初，邹姓族人从英德浛洸义家圹迁至黄寨，后迁至此地居住。因村庄建在下山的小径前而取名下迳村。世居村民为汉族，客家民系，使用客家方言。

村内现存客家民居30座。村中有福清邹公祠，始建于清乾隆初期，分别于1982年和2015年重修。宗祠占地面积约250平方米，是典型的客家祠堂，三进二横，上、中、下三堂均为抬梁式梁架结构，保存古代中原典型的府第式格局，前后檐拱角。祠堂立圆柱，每对柱础形态各异，上托木质金字杠，承桁桷瓦，画栋飞檐，保留着清代建筑风格和艺术特色。祠堂墙壁悬挂进士牌匾，匾长223厘米，宽63厘米，中间阳刻

福清邹公祠（成财合　摄）

“恩进士”三字，落款为“钦命广东承宣布政司布政使加三级记录十次姚成题；清乾隆四十三年承蒙圣恩国子监太学生邹文鸿立”。

下迳村曾有进士、举人各1人，后人为了纪念这两位先祖，在祠堂前的地坪中央竖立两对旗杆夹。旗杆夹底部安设石墩底座，底座正面分别刻有“进士”和“举人”，

“进士”旗杆夹（冯慧倩　摄）

“举人”旗杆夹（冯慧倩　摄）

关爷厅（成财合　摄）

团练使用的枪炮（冯慧倩　摄）

其中“进士”旗杆夹为清乾隆四十三年（1778）国学生邹文鸿所立，“举人”旗杆夹为清乾隆四十六年（1781）邹龙所立。因年代久远，旗杆夹石碑上的字迹已风化难辨。

村东面有一座关爷厅，始建于清代，2001年重修，供奉关公。起初，关爷厅是为了纪念邹氏大官人而建，故名“官爷厅”，兼做私塾学堂。到清咸丰年间，广东天地会起义波及清远、英德、阳山、怀集等地，为自保，村中先贤在官爷厅设立团练，组织乡丁保卫家园，并设立“关帝爷”牌位。久而久之，村民便将“官爷厅”叫为“关爷厅”。现厅中还存放有当时团练使用的枪炮。

村庄后背山半山腰有一座炮楼，旧时社会动荡，村民为防匪患而建筑该炮楼。由于多年未修葺，炮楼较残旧，楼体大部分已坍塌。

2016年，村民利用丰富的地下硫铁矿自涌泉，建设汤泉景区。村内还建有一个小型乡村记忆馆。

（供稿：张静珊；复核：钟洁华）

英德

历史文化村

英德市青塘镇

石桥塘村

名片

- 中国传统村落
- 广东省古村落
- 四角大石楼
- 新和隆楼
- 亿隆围楼

石桥塘村村貌（青塘镇政府供图）

石桥塘村，位于青塘镇西南部，距镇政府约3千米。始建于清朝，始祖卢奇郁迁至此地定居而成村。该村最具特色的建筑为四角大石楼（又称巨龙石楼）。2016年10月，该村被评定为第五批广东省古村落；2019年6月，该村被评定为第五批中国传统村落。

四角大石楼，始建于清雍正十一年（1733），为四点金式建筑，围墙及角楼由花岗岩石浇灰砂砌造而成，坐南向北，前有半月形池塘。围屋面阔81.93米，进深77.9米，占地面积6308.6平方米，内有房屋200余间。石楼唯一的大门以青砖砌拱，门槛、门框为大条形青石，门扇用大块硬木铆铁皮制成，用以防火防砍，门楼内还设两重竖

四角大石楼（青塘镇政府供图）

栅。大门左右两侧及后楼墙的左右两侧均建角楼1座，角楼皆面阔7.84米，进深6.05米，高11.5米，占地面积47.43平方米。每层墙体上均设有红砂岩石和花岗岩石窗以及一字形枪眼。楼内设木楼梯，铺排木楼板，上下楼极为方便。主体楼墙由石头、灰砂砌筑，高8.8米，厚0.72米，横排四面设有一字形枪眼。

四角大石楼内建筑主体以四家祠为中心，分上、中、下厅及官厅。房屋先是靠楼墙留巷砌结起屋，“口”字形直街及“口”字形排污沟贯通全楼，然后中间部分以祠堂为中心起屋五排，形成四条东西走向的横街，每条街都是对面起屋，厅及厢房的设置都大体相同。从整体上看，整个建筑群呈巨型“回”字建构，中间的“口”字部分，又似“非”字形建构。中心建筑四家祠，前有三厅，后有暖巷和官厅，厅内柱梁、屏板等都雕刻图案，主要构图景物有蝠、鹿、鱼、鸟等。

新和隆楼（又称镬耳楼），位于石桥塘村的东南面，始建于清光绪年间。该楼也是四点金式高墙建筑，坐东向西，建筑

新和隆楼（青塘镇政府供图）

亿隆围楼（青塘镇政府供图）

面积1892平方米，平面呈方形，正门以青砖砌筑拱形外门框，红砂岩石方形门夹，石枕，木门，红砂岩石勒脚。围楼有4个角楼，构成一个完整的“四点金”围楼，其围内建筑呈一个巨大的“回”字形。围楼的功用亦同四角大石楼，外围墙体横排许多葫芦形枪眼和一字形步枪眼。

亿隆围楼，位于石桥塘村北面，坐南向北，为半月形围楼建筑，面积3000多平方米，建成时间稍晚于新和隆楼，但也有100年以上历史。该楼防贼盗的作用要多于防兵匪，其楼墙也设置瞭望口和枪眼。

（供稿：英德市清塘镇政府；复核：英德市史志办）

英德市桥头镇

会星楼村

名片

- 广东省古村落
- 潭峰寺
- 会星楼

会星楼村村貌（桥头镇文化站供图）

会星楼村，位于桥头镇北部，距镇政府约5千米。该村始建于清同治四年（1865）。2021年1月，会星楼村被评定为第七批广东省古村落。

会星楼，建筑面积1万多平方米，房屋约300多间，是桥头镇保存最好的古建筑群之一。其整体结构呈“福”字形，主楼是典型的四点金客家围楼。主楼的东、南、西、北各设1个硐楼，而四周的墙体则用房屋围成，与里面的石阶、住房构成一个“田”字。硐楼前北面开三道大门，大门口拓400多平方米的活动场所，东、西两边用房屋围起，北边砌一道

会星楼（桥头镇文化站供图）

照墙，东、西各开两道闸门以便进出。里面的石阶道、中心大门口的拜台及北面的照墙刚好形成一个“口”字和一个“一”字。

主楼外面的东门连着一条长约50米的石阶，石阶北面建有一排坐北向南的房屋。石阶南面建有三排房屋，由两条约长30米的石阶隔开，中间一排房屋的门东、西相通，东排房屋的门向西开，西排房屋的门向东开，恰好组成一个“示”字，与主楼刚好组成一个“福”字。西排房屋是学习的地方，为古时设的黉宫（书房），处于最外面，意思是通过刻苦学习才能“脱颖而出”。

潭峰寺全景（桥头镇文化站供图）

潭峰寺，位于会星楼村的西面，始建于明万历二年（1574），历时19年建成，清康熙十一年（1672）扩建。该寺是一座回廊式庭院建筑，石砖木结构，二进院落四合院式布局，建筑均为硬山顶，穿斗式梁架结构，现保存尚好。正门门额镶一横匾，上刻“潭峰寺”，门檐前柱梁上刻有花草浮雕图案。大门两侧各镶有一方石灰岩石碑，右边石碑刻“迴龙山潭峰寺碑记”，全文700多字，记载了潭峰寺的起源；左边石碑刻“潭峰寺百祖灯碑记”，记载了潭峰寺的发展历史。

民国时期，潭峰寺曾设为八保小学，也是英东中学旧址，为革命培养了一大批人才，被称为“革命摇篮”。

潭峰寺内景（桥头镇文化站供图）

（供稿：英德市桥头镇政府；复核：英德市史志办）

英德市东华镇

九围村

名片

•九围社学 •古村落

九围村村貌（英德市史志办供图）

九围村，位于东华镇北部，距镇政府约6.5千米。该村始建于明朝。九围18姓居民最早于元朝从福建、江西等地迁入广东各地，明朝迁至此地定居。自明朝至清乾隆年间，九围古村落共有陈、何、蔡、张、杨、华、朱、欧、包、林、蓝、黄、丘、邓、熊、黎、吴、唐18姓族人聚居在一起，和睦相处，繁衍生息。

公王庙，始建于清嘉庆六年（1801），占地面积300多平方米。前后两栋一围廊，左右横栋厢房包廊式砖木结构，墨色筒瓦，黄色琉璃瓦当。整体结构近似于北方农村的四合院。前栋为五间式，中间两层，首层为大门，门楣（门头板）悬挂“九围社学”匾额；第二层为庑顶敞门楼阁，楼阁顶正中央装有寺庙宝瓶尖刹。前栋左、右飘边各有一个门廊，门廊边连接着左、右横栋厢房。后栋则为三间式，中间为正厅，

九围社学（英德市史志办供图）

供奉文昌公；左、右间作为休息之所。前、后、左、右四栋房屋围成一个长方形院子，作为大型祭祀活动场所。

清咸丰八年（1858），公王庙更名为“九围社学”。社学门头板为红麻大理石材质，上刻“九围社学”四个大字（1917年重修时更换复原）；有秀才张金富题词、用青麻大理石镌刻碑文的石碑（1997年重修复原）。如今，公王庙的正堂仍供奉着文昌公，接受村民四时祭祀、纪念；左厢房改成九围社学理事会的会议室，右厢房改成九围故事讲堂。

何氏宗祠（英德市史志办供图）

（供稿：英德市东华镇政府；复核：英德市史志办）

英德市沙口镇

江溪村

名片

•广东省古村落　•刘屋围屋

•城头围屋

江溪村村貌（英德市史志办供图）

江溪村，位于沙口镇北部，距镇政府约4千米。该村始建于明洪武二年（1369）。现存古建筑主要有：刘屋围屋，建于明成化年间；钟屋老围屋，建于清道光十三年（1833）；城头围屋、坝仔围屋，均建于清代；钟屋新围屋，建于1936年。这些古建筑至今保存完好。2019年2月，该村被评定为第六批广东省古村落。

城头围屋，始建于清代，坐北向南，面阔38.13米，进深38.22米，占地面积1457.3平方米。围屋由祠堂、民房、炮楼组成，四个角均有1座炮楼。炮楼间有数间民房相连，构成一个整体，是一座典型的“四点金”围屋，且具有一定的防御作用。围屋正门以青砖砌拱形门框，木门，石门槛。祠堂为三进砖木结构，面阔4.9米，进深27.43米，占地面积134.4平方米。祠堂大门用青砖环砌，头厅后有2根圆木漆金柱，石柱础，后设屏门，上端透花窗，厅后为鹅卵石街。中堂有4根圆木漆金柱，石柱础，明间前设屏门。后堂有2根圆木漆金柱，石柱础，明间后设一简易香案。炮楼平面呈长方形，面阔5.59米，进深6.99米，占地面积39.07平方米，硬山顶，镬耳封火山墙，木梁瓦面，三合土墙；墙体上设有花岗岩石一字形枪眼和窗，嵌铁枝窗棱。炮楼二楼开有小门，上置门檐；墙体厚42

城头围屋（英德市史志办供图）

厘米，牢固结实。围屋内有民房20多间，三合土墙，木梁瓦面。

刘屋围屋，始建于明成化年间，坐西北向东南，平面呈长方形，面阔57米，进深49.3米，占地面积2810.1平方米。围屋由炮楼、祠堂、民房、围墙组成，设有1个正门、2个小廊门和4座角楼（后面两座角楼已毁）。门、角楼、民房相连，构成一个整体。该围屋是一座四点金围屋，且有一定的防御作用。围屋正门设方形木门夹，石门枕。祠堂二进，进深16.3米，中堂有4根圆木漆金柱，石柱础；后堂明间后部设神龛，有先祖牌位。角楼硬山顶，木梁瓦面；大门青砖砌拱，木门，墙体下半部由三合土夯筑，上半部由青砖砌筑，墙体厚55厘米，结实牢固，且设有花岗岩石窗口，内嵌铁枝；楼内设有木楼板、木楼梯，可通过木楼梯登楼。围屋内有民房30多间，砖木瓦构筑。

刘屋围屋（英德市史志办供图）

（供稿：英德市沙口镇政府；复核：英德市史志办）

英德市沙口镇

罗田村

名片

- 广东省古村落
- 西围楼
- 东围楼
- 罗家祠

罗田村村貌（英德市史志办供图）

罗田村，位于沙口镇东南面，距镇政府约300米，始建于清同治元年（1862）。现存古建筑有：四点金式客家围楼2座，内有古井各1口，其中东面围楼的古井为县级文物保护单位；宗祠3座，均为罗氏宗祠。2019年2月，罗田村被评定为第六批广东省古村落。

东围楼和西围楼都是四角围楼，总建筑面积2600平方米，是中国岭南典型的四点金古建筑。围楼呈正方形布局，四个角分别为角楼，角楼略高于四面墙体，宛如四方鼎，古朴而庄重。围楼四面均以房屋排列，左右对称，各四间房，围楼中间又建一小

东围楼（英德市史志办供图）

西围楼（英德市史志办供图）

围，小围中心是一个正方形天井，整体建筑布局呈“回”字形。大小围之间是由青石板和鹅卵石铺就的过道，在围楼南面过道中，还有一个引人注目的古井，井沿高约60厘米，八边形井沿，由坚硬的花岗岩砌成，井沿南面依稀可见当年雕琢的字样“大清同治三年甲子岁立”，落款为“文祥文佳置”。

四角围楼的南面中间开有一扇大门，是整座围楼的正门，端端正正地朝向南面的田园。正门的大门框是由青砖砌成的半圆形拱门，这是一道四重门，最外层是坚实的铁板门，枪弹穿不透；第二层为横栓栅门，至今门框上仍清晰可见门栓栅眼；第三层为双开实木门；第四层为柱门，3根大柱顶天立地，防御性极强。门槛则是 38 厘米高的厚重花岗岩。正门古朴端庄而不失大气，外门的门墙上有一副楹联“豫章世泽千年盛，凌甫家声万代传”。

罗家祠，坐落在罗田村新老两座围楼之间，是罗田村最古老的建筑。祠堂结构为三屋相连，中间大屋为正堂，左右两屋为侧堂。正堂门梁上以大理石镌刻、红漆填涂“罗家祠”3个端庄的大字，大门两侧有楹联“心田先祖种，福地后人耕”。逢年过节及农历每月初一、十五，村民都到此祭祖、祈福。由于年代久远，经后人修缮后，屋顶重新盖上了土黄色琉璃瓦，正门也已换成青砖加固。

罗家祠（英德市史志办供图）

（供稿：英德市沙口镇政府；复核：英德市史志办）

英德市沙口镇

杨塘村

名片

- 中国传统村落
- 新屋
- 老屋
- 楼子

杨塘村村貌（杨塘村委供图）

杨塘村，位于沙口镇东部，距镇政府约7千米。始建于明末清初，马文质从翁源县墨岭迁至此地定居创业而形成村落。村北面有座古庙，名“塘梨庙”，村后面有2棵树龄约500年的古樟树以及3座保存较完整的围屋（老屋、新屋、楼子），曾有“高尔可风”“乡认下兵”“翰林院”“武魁”“国魁”“贡元”“琴塘佐证”“硕德引年”等牌匾，部分牌匾在“文化大革命”时期被破坏，其余的在多年前也已被盗失落。2019年6月，杨塘村被评定为第五批中国传统村落。

老屋，整体外形呈半圆形，坐北向南，有4个可进出的大门和1个小门，清一色泥砖和古瓦砌筑，屋内面积不大，共有房屋119间，建筑面积4400多平方米，以木质栋梁为主，呈三角形，门口均铺坝石，部分房屋已倒塌。祠堂内有部分镂空窗雕，木雕有图案；屋檐、屋脊以青砖古瓦为主；大门及室内有楹联若干，圆柱形木质柱体，柱基为圆带方形花岗岩。整体装饰较为古朴。

老屋（杨塘村委供图）

新屋（杨塘村委供图）

新屋，整体外形呈四方形，坐北向南，有3个可进出的大门，西北角有一、二层楼阁，清一色泥砖和古瓦砌筑，共有48间房屋，建筑面积1295平方米。祠堂内有部分镂空窗雕，

古井（杨塘村委供图）

木雕有图案；屋檐、屋脊以青砖古瓦为主；大门及室内有楹联若干，圆柱形木质柱体，柱基为圆带方形花岗岩。

楼子，外形呈四角形，每个角有1座三层碉楼，碉楼有一个可进出的大门和侧门，其余都是两层房屋，碉楼和房屋到处都有瞭望口和枪眼，且无死角。屋内有1口古井，井中长年有清澈的井水。屋内装修以木质为主，部分镂空窗雕，木雕有图案；屋檐、屋脊以青砖古瓦为主，外墙面以石灰为主且有图案。

楼子（杨塘村委供图）

（供稿：英德市沙口镇政府；复核：英德市史志办）

英德市沙口镇

长江坝村

名片

- 中国传统村落
- 六幢屋
- 得月楼
- 长江古庙

长江坝村村貌（长江坝村委供图）

长江坝村，位于沙口镇北部，距镇政府约12千米。该村始建于明万历四十四年（1616），因此处常有船只过往，交通便利、土地肥沃，适宜谋生，船夫多歇脚并定居于此，后渐渐形成村落。代表性建筑有得月楼、香江学校、赖氏祠堂、德公宗祠、秦公祠、长江古庙、六幢屋等。2019年6月，该村被评定为第五批中国传统村落。

得月楼，建于清代，是沙口镇一座保存得比较完整的典型四点金客家围楼，建筑面积2700平方米，整体呈“回”字形，边长为50米，四角为三层楼房，四边为两层楼房。围楼坐东向西，屋顶为传统的三角瓦屋顶，整体呈青灰色，具有军事防御功能，且冬暖夏凉。墙体用灰砂、红糖舂砌，房梁、门窗多用杉木，部分门窗采用酸枝木。围楼内街巷镶嵌规格统一的鹅卵石，屋檐及门槛采用当时进口的水泥（洋灰）建造。外墙厚51厘米。内围中间是三栋厅祠堂，祠堂两边为两层楼房。内外围楼房（除外围一楼外）四周墙壁每层每边均设置有8至9个直立的长方形枪械射击孔，所有射击孔对外无死角，防守效果极好。

得月楼（长江坝村委供图）

香江学校建于1936年，坐东南向西北，为四角楼围屋，通面阔22.1米，通进深21.8米，建筑面积482平方米。硬山顶，博古脊，砖砌圆拱门顶，花岗岩石门框，泥沙石灰墙。围屋内由前后两排房屋组成，每排5间，以天井相隔。

六幢屋（长江坝村委供图）

六幢屋，坐东向西，一排一幢，共6幢，建造整齐，前低后高，幢与幢之间设有侧门，晚上关门防匪，也便于村民和睦相处。

长江古庙（长江坝村委供图）

长江古庙，坐落在村南河岸，始建于明末。传说长江坝祖先来此定居后，为祈佑村民生活平安，便在左前方河边处建造一座庙，在庙内的天井挖土时，发现一口古钟，上面写有“长江古庙”四字，于是便将此庙命名为“长江古庙”。该古庙供奉曹主娘娘，村民每年举行一次“安龙神”活动。

德公宗祠，始建于清朝，民国初期重修，2011年再次进行维修，占地面积260多平方米，三间二进布局。坐东向西，祠堂后方及左右有房屋簇拥。地坪上有清光绪十一年（1885）邑人赖景云立的旗杆夹石一对。

德公宗祠（长江坝村委供图）

（供稿：英德市沙口镇政府；复核：英德市史志办）

英德市黎溪镇

松岗围村

名片

- 广东省古村落
- 松岗书房
- 围屋群

松岗围村村貌（英德市史志办供图）

松岗围村，位于黎溪镇西部，距镇政府13千米。该村始建于明崇祯七年（1634），吴万贯从英德石灰铺枫树映迁至此地开基建村。清朝名将吴光亮出自该村。2019年2月，该村被评定为第六批广东省古村落。

村中现保存较完好的6座民居围屋，总建筑面积1000多平方米，均建于清光绪六年（1880）。这6座围屋为传统民居风格，坐北向南，并排而列，结构相似。各围屋独立设置大门，围屋之间设有小门，以街巷分隔，内设侧门，围屋与围屋之间相通，组成村落。围屋均为三进，四门归厅布局，内设2个天井，四水归源。墙体以灰砂垒砌而成，青砖压顶，白瓦盖面，雕梁画栋，龙船式栋面。檐下内外以诗画装饰，色彩鲜

松岗围村围屋群（英德市史志办供图）

艳。上、下厅堂设有木质屏风，屏风顶端设木雕牌匾，刻有“福禄寿”“三多堂”等字样。其中，吴光亮故居为主围屋，内设有一座四柱厅作为会客厅使用，东、西、北三面周围有数十间名为“龙衣屋”的小房子用作厨房等，整个围屋结构严谨。天井以麻石板镶边铺底，地板以麻石和鹅卵石铺设而成。大门和小门全部由坚硬的优质木料做成，大门从外到内设置三层，分别由矮门、横栓门和木板门组成，具有广州西关大屋门的风格。窗户则由麻石、铁棒做成。门窗的防盗性强，关好前门后座座围屋相通，户户相连。

松岗书房（英德市史志办供图）

松岗书房，后称光亮小学，始建于清光绪六年（1880），由吴

光亮小学（英德市史志办供图）

光亮出资建造。书房建筑自成一体，同时又是松岗围村整体的一部分。整座书房占地面积2000多平方米，建筑面积1000多平方米。书房坐北向南，一间正厅，左右两厢共有课室8间。课室上有楼棚，可供学生住宿。楼棚以下的墙用三合土夯筑，楼棚以上的墙用青砖砌成；瓦面盖双层瓦，可行人，防水、隔热性能好；瓦角密排，门、窗框用花岗石造成，窗柱用方钢；天井、走廊均铺设花岗岩石板，课室地板采用阶砖，亭、台与房屋之间采用花岗石桥作通道。正厅前有1座凉亭，四柱高擎金钟架，上盖斗拱瓦檐，四檐滴水，北檐与正厅南檐对接处架有渡水槽，雨水在渡槽中向东西分流，从渡槽端鳌鱼口倾泻。亭柱上有一副对联："霁月光风永享升平盛世，轩明亮阁安居乐业宏基"。书房四周有围墙，四角建有4座炮楼，楼高三层半，楼与楼之间有走廊通道相衔接，大小房屋共24间，柱、梁、墙壁都雕龙画凤；中间是练武场，四边有土方，种有各种奇花异草；门口有旗杆夹，左右置有石狮子与石鼓。

（供稿：英德市黎溪镇政府；复核：英德市史志办）

英德市横石塘镇

琵琶山村

名片

•广东省古村落　•客家围屋

琵琶山村村貌（郑忠楼　摄）

琵琶山村，位于横石塘镇西南部，距镇政府5.9千米。该村始建于明嘉靖七年（1528）。村民属客家民系。2021年1月，该村被评定为第七批广东省古村落。

客家围屋（郑忠楼　摄）

村居最早建于明清时期，整体建筑具有典型的客家围屋风格，屋场依山而建，坐西向东，前低后高，900多间房屋构成一个太极图案。以木为梁，木片为桷，建成两面倾斜的屋顶，瓦面用小青瓦互扣，扣六留四，不用灰浆固定，也称四六瓦面。整个屋场布局呈弧形环绕，又称围龙屋或龙衣屋，形成一道天然屏障，护卫着整个村落。墙体以青砖砌筑，厚实牢固，易守难攻。屋场设有后门通向屋背后龙山，方便村民遇到危难时逃生。前设南、北两个廊门，方便村民出入。前后门关闭可以防匪防盗。以青石铺设街道，布局设计合理。人居于此，冬暖夏凉。

谢氏宗祠，始建于明嘉靖七年（1528），坐东向西，前面视野较开阔，青龙、白虎、朱雀、玄武等布局合理。宗祠背后的两座高峻的大石山连绵不断，如两条生猛的巨龙围绕着琵琶山村；前面左边溪水绕村前流向右边，再折向观音岩方向缓缓流出，

谢氏宗祠（英德市史志办供图）

有“双龙灌气”“玉带缠腰”之说。此处山清水秀，人杰地灵，有“双龙冠世”之称。历代读书人众多，现宗祠仍保留有4块明代所立的木匾，门口仍有4块族人考取功名时立的旗杆石。

龙建烈士纪念碑，位于现龙建村琵琶山公交车站背后，建于1997年12月，有原连江支队司令员周明、原连江支队六团团长李冲、原英阳乳曲边工委负责人周平等的题词。

龙建烈士纪念碑（英德市史志办供图）

（供稿：英德市横石塘镇政府；复核：英德市史志办）

英德市横石塘镇

围子下村

名片

•中国传统村落　•观音厅

•谢氏宗祠

围子下村村貌（英德市史志办供图）

围子下村，位于横石塘镇中南部，距镇政府5.4千米，占地面积约25万平方米。该村始建于明正统五年（1440），为英德谢姓主要族群历史文化发源地。2019年6月，该村被评定为第五批中国传统村落。

围子下村屋场布局基本保留原貌，有400多间泥砖房，大多为民国时期的建筑物。主要建筑物如宗祠、观音厅等，为清代的青砖结构房屋，但有部分墙体为明代所建。

谢氏宗祠，始建于明清时期，坐北向南，三厅二井布局，现仍保留原貌，属客家祠堂风格，柱础和部分墙体为明代建筑物；宗祠正门上悬挂着一块题字为“文魁”的木匾，落款为“雍正

谢氏宗祠（英德市史志办供图）

元年癸卯恩科乡试中式第二十八名举人谢廷士立”。门口坪不宽，但很长，因此成为一道风景线。门口塘较宽阔，呈官帽形，颇有特色。

观音厅，始建于明清时期，坐东向西，正对远方一座如巨笔矗立的山峰。村后背夫岭气势雄壮，古树参天，与村庄构成一幅人与自然和谐相融的图景。其他村的村民往往都在村中掘建水井，以方便日常生活，但围子下村并没有这样做。据说，围子下

观音厅（英德市史志办供图）

围屋地形为“牛形”，村民认为人不能与牛争水用，于是村里一直以来都严禁在村内挖井取水，只能到村外挑山坑水饮用。

该村有石碑2块，碑文为《枇杷山剿匪始末记》，记述了此战的全部经过。其中有一段文字是“巢破平其垒余匪窜入围子下地雷爆发炮楼崩陷匪无男妇老幼数百人同尽”。可见，围子下村当年宏伟壮观的炮楼均毁于此战。石碑现保存于英德市博物馆。

《枇杷山剿匪始末记》碑文（郑忠楼　摄）

（供稿：英德市横石塘镇政府；复核：英德市史志办）

英德市石牯塘镇

石下村

名片

- 广东省古村落
- 石下古宗祠
- 四角围楼
- 庸公书房

石下村村貌（巫奕财　摄）

石下村，位于石牯塘镇西部，距镇政府2.5千米，始建于明宣德年间。现存历史传统建筑有客家古围楼1处、古民居5处（总面积3.85万平方米）、古楼2处。2019年2月，该村被评定为第六批广东省古村落。

四角围楼，又称新城围楼，是一座典型的清代岭南建筑风格四方客家围楼。该围楼建于清代，坐东北向西南，平面呈长方形，面阔27.06米，进深42.31米，占地面积1144.91平方米。正门用石灰石条砌门夹，围楼四角均建有角楼1座，角楼间以围墙相连，构成一个整体。角楼为硬山顶，三合土墙，石灰石条勒脚。墙体上设有枪孔，石灰石条窗框，窗顶有窗檐。围楼东、西墙开有侧门，门框亦由石灰石砌成，门顶设有门檐。围墙采用

四角围楼（巫奕财　摄）

石头、灰砂砌筑，墙厚0.48米，高约7米，结实坚固。整座围楼共有3个城门、4排平房，每排21间，共计84间，均为土墙、木瓦封顶的民房，青石板天井，围墙四周采用暗渠排水，排水系统完好，排水快。

石下古宗祠，又名贵琁宗祠，始建于明代。祠堂坐北向南，四进三厅二天井，面阔7.46米，进深31.24米，占地面积233.05平方米。硬山顶，灰塑博古脊，青砖木结构，地面铺灰砂。明间有三级石阶，头厅檐枋，额梁雕刻精美图案，檐壁绘画，嵌花岗岩石门夹、石门枕。中堂8根花岗岩石柱，石柱础。明间后设屏门，上端嵌“龙凤呈祥”横额并雕刻精美图案，中堂前地面铺花岗岩石。后堂2根花岗岩石柱，花岗岩石柱础；2根圆木柱，石柱础。明间后部设神龛、香案，供奉祖宗牌位。

石下古宗祠（巫奕财　摄）

庸公书房属清代古建筑，为巫氏庸公所建，是尧山石下村子弟读书的学堂。书房有东、西2个大门，中央为大厅，内设4间读书厢房，俗称“四门归厅”。厅中大门有13条横木杠门闩。书房占地面积约250平方米，青砖结构，木桁瓦面。该书房为尧山石下村培养了许多人才。

庸公书房（巫奕财　摄）

（供稿：英德市石牯塘镇政府；复核：英德市史志办）

英德市浛洸镇

鱼咀村

名片

- 古老村落
- "鱼水濛洄"石碑
- 古城墙
- 鱼咀圩西京古道

鱼咀村村貌（何树荣　摄）

鱼咀村，位于浛洸镇南部，距镇政府约8千米，因地貌形如鲤鱼跃江而得名。该村始建于汉武帝元鼎六年（公元前111），因县治址设浛洸鱼咀圩（即鱼咀村）而形成，是一个拥有汉县建制的古老村落，至今仍保存有完好的古城墙、古码头、古井、古树、古碑和古街古铺，商贸古镇风韵犹存。

"鱼水濛洄"石碑，位于浛洸镇鱼咀行政村鱼咀街的南端，依山傍水，小北江水

“鱼水潆洄”石碑（英德市史志办供图）

自远处流来，到此打一个弯，旋回流出去，周围环境美丽清幽。后人以青麻石刻“鱼水潆洄”碑镶嵌于南古城墙中。碑石呈长方形，字阴刻，碑的左侧刻“道光元年岁次”，右侧刻“辛巳仲春吉立”。该石碑现存于二码头旁。

玉虚宫，始建于清道光七年（1827），1996年重修。大门两侧楹联为“灵显当山长镇北，恩覃涯土永维南”。每逢清明节，鱼咀村村民到玉虚宫参加祭祖活动，缅怀先祖。

鱼咀圩曾是古浛洸十三个子商埠之一，有商铺百余家，手工业甚盛，经济辐射力强，吸引周边的群众到此买卖交易，故形成了石灰铺竹田村到鱼咀街的古道，即西京古道浛洸段，是浛洸到乳源西京古道的组成部分。古道自西向东延伸，长约8千米。古道由长约1.2米、宽约0.5米、厚0.1米的石块铺成。

玉虚宫（英德市史志办供图）

米芾文化广场，位于鱼咀村西部。北宋书法家、画家、书画理论家米芾，于北宋熙宁六年（1073）任浛洸（今英德市浛洸镇）县尉。米芾任浛洸县尉时，痴迷英石，常以赏石为乐事，英德一直流传着“米芾拜石”的典故，而且在相石方面还创立了一套理论，即后世所沿用的“瘦、透、漏、皱”四字诀，为英石扬名天下奠定了基础。同时，米芾在浛洸任县尉期间，留下了“宝藏”“墨池”“衡岳东门”“浛洸”等不少墨宝。

西京古道、古城墙（谢阳清　摄）

该村素有“舞草龙”习俗，一直流传至今。草龙是用稻草编成龙身，另用竹片、纸片扎成龙头、龙尾，再用9～18根长1.5米左右的竹子将草龙一节节撑起，由一个人站在龙头前吹哨子指挥，9个或19个年轻力壮的小伙子在哨子的节奏声中将草龙舞成“S”形来回游动，然后由8个或10个小伙子轮番将点燃的鞭炮投向龙身，直至炮火将龙身烧断为止，名曰“劏龙”。舞草龙已被列入英德市非物质文化遗产名录。

米芾文化广场（浛洸镇政府供图）

（供稿：英德市浛洸镇政府；复核：英德市史志办）

英德市西牛镇

金子顶村

名片

•广东省古村落　•传统民居

金子顶村村貌（英德市史志办供图）

金子顶村，位于西牛镇西南部，距镇政府30千米。该村始建于清代，现存最早的建筑是荷树脚楼阁，建于清乾隆年间，至今保存完好。2016年10月，该村被评定为第五批广东省古村落。

村落房屋一幢挨着一幢，错落有致地排列在半山腰上。这些民房均为土墙瓦木结构，有近300年历史，现仍保存较完整。民居周围绿树环绕，村庄呈“井”字形，多是前后两排房屋，中间各有上厅、下厅，其他房屋依次排列；两边各有一排横屋，有一个廊门。

传统民居（英德市史志办供图）

进门是前厅，两边各有一间房，一间作为厨房，称为“八尺房”；另一间作为柴草房，称为“厝手房”。后面的大厅是祭祖的地方，两边的“大房”是长辈的卧室，门厅两侧的“下房”是晚辈们的居室。“阁仔”与大房之间有通往外面的侧门，称为“子孙门”。村中巷道采用规格不一、大小不同的石块铺砌而成，俗称“石砌路”。

村落靠山面水，背靠金子顶，山中水资源丰富，山坑水质纯净，可以满足村民的饮水需求；四面竹树环合，环境清幽。依山傍水而建的房屋通常为两层，土墙瓦木结构，首层住人，第二层用作仓储。村中还建有具备防御功能的三层或四层楼阁。

楼阁（英德市史志办供图）

传统民居（英德市史志办供图）

该村传统民居属于夯墙建筑。村民建造这种泥屋，首先用夹板固定两块高80厘米的木板（夯板），然后倒入黄泥、粗沙、石灰混合料，用木杵将其一层层夯实，每一次只能夯80厘米高的泥墙。这样夯筑的墙壁坚实，连铁钉都难以钉入；屋顶盖泥瓦，通风透气。

（供稿：英德市西牛镇政府；复核：英德市史志办）

英德市西牛镇

下寨村

名片

- 广东省古村落
- 陈氏宗祠
- 古建筑群

下寨村村貌（英德市史志办供图）

下寨村，位于西牛镇西部，距镇政府约8千米。该村始建于明清时期，由陈符公的后代陈所荣创祠建村。2016年10月，该村被评定为第五批广东省古村落。

下寨，古时称下马寨，地处金竹行政村中部，被鸡啼石山、高寨顶、文笔峰山、亚公岩山、龙头山（也称庙顶山）呈半环形包围着。村落坐北向南，门前有一条小河，是一个三面环山、一面临水、山清水秀的美丽村庄。全村现前后有9幢房屋，左右两侧各有1幢房屋，形成一个长方形。

古建筑群（英德市史志办供图）

古建筑群有5幢东西走向的房屋，每幢长约150米，前后落差有三级。从后面算起，第一、二幢房屋为第一、二级，第三、四、五幢房屋为第三级。第一、二幢房屋与第三、四、五幢房屋落差很大，有一间房屋的高度。第一幢房屋的街道与第三、四、五幢房屋的屋顶高度相等，第二幢房屋两端和中间各有一个石级连通第一、二幢房屋。两旁各有1幢南北走向的房屋，与5幢东西走向的房屋相连接，共同围成一个封闭的长方形，只留3个门楼（上门楼、中门楼、下门楼）与两端的2个横门出入。只要大门一关，门外的人便无法进入。5幢东西走向的房屋两端和靠近街口20米的房屋都有向外凸出1米多的建筑，墙上有对着街道的射击孔。

民居内景（英德市史志办供图）

下寨村前面是一个50～60平方米的小广场，广场前面砌有一道围墙，村民称其为“城基”。围墙把整个村子包围起来，墙上有许多射击孔。围墙不是笔直的，而是在某些重要之处建成一个转弯的小直角，直角的横墙上留有孔，通过这些孔可对靠近围墙的人进行射击。

陈氏宗祠，始建于明朝。占地面积220平方米，土木结构，坐南向北，属殿堂式建筑类型，整体呈长方形。分上、下厅，上、下厅中间是天井，天井两边有两个小门通向两边。从下厅右墙小门下去，有一个约6平方米的厅正门，为祠堂的正门。这种结构的祠堂门，叫万字门。正门门楣上有“陈氏宗祠”四个楷书大字。

陈氏宗祠（英德市史志办供图）

（供稿：英德市西牛镇政府；复核：英德市史志办）

英德市石灰铺镇

三门王屋村

名片

- 广东省古村落
- 王屋古炮楼
- 廷俊公祠
- 佛子高古栈道

三门王屋村村貌（英德市史志办供图）

三门王屋村，位于石灰铺镇东南部，距镇政府10千米。该村始建于明永乐年间，拥有古树名木及古围楼、古民居、古拱桥、古街巷、古书房、古池塘、古晒场、古井、古墓等古建筑。2021年1月，该村被评定为第七批广东省古村落。

民居建筑装饰有灰塑祥云图案、灰塑浮雕图案，青砖结构，屋脊飞檐，麻石窗、木窗、青石窗，屋檐龙头跳首，墙体用灰塑砖格纹路点缀。

廷俊公祠（石灰铺镇文化站供图）

廷俊公祠，始建于明成化年间，2010年重修；面阔约8米，进深约25米，占地面积200平方米；坐东向西，前面为晒坪和池塘，三进二天井布局，砖木结构，木门框，石门枕，门匾额阴刻“廷俊公祠”。

王屋古炮楼，坐西南向东北，平面呈长方形，面阔6.34米，进深5.71米，高10.5米，墙厚0.32米，占地面积36.26平方米。砖木混合结构，木梁瓦面，三层处有青砖砌角稍凸的炮角，正门木门夹，石门槛，楼内设两房一厅，墙体牢固坚实，兼具防盗防匪之功能。

王屋古炮楼（王享修　摄）

古石街路、古巷，是王屋古村具有的独特风格，巷道纵横，错落有致。古巷里，一幢幢晚清、民国时期的建筑保存完好。古石街由一块块大小不一的青石或鹅卵石铺砌而成，虽经历岁月沧桑，其表面却依然泛着光泽，石韵犹存。

佛子高古栈道，横跨佛子高坳，全长3千米，现保存有872级石阶，东陂缓、西陂陡，坳顶海拔129.3米。古栈道上仍保存有古凉亭、古社坛、古秋枫榔及石刻。佛子高古栈道是古浛洭县与古浈阳县之间的交通要冲，是村民进出竹田墟、竹田河上墟码头、连江水口莲花石码头、浛洸墟和西牛墟最便捷的栈道。

佛子高古栈道（王享修　摄）

（供稿：英德市石灰铺镇政府；复核：英德市史志办）

英德市大湾镇

古道上村

名片

- 广东省古村落
- 古道名乡通九州
- 迴龙祠

古道上村村貌（陈神保　摄）

古道上村，位于大湾镇东北部，距镇政府约8千米。始建于明洪武四年（1371），黄姓先祖迁至此地定居发展而形成村落。古道上村素有“古道名乡通九州”之美誉，水路交通较便利，靠近古浛洸县治，是古时乳源、三山、英阳经商外出必经之路，一直是历史上非常重要的咽喉要道。2019年2月，古道上村被评定为第六批广东省古村落。

迴龙祠，始建于清道光二十七年（1847），为黄姓后裔集资在村西面建成的黄家祠堂。该祠堂造型宏伟，古朴庄严，工艺精湛，坐北向南，三间二进一天井，总面阔17.48米，总进深22.56米，砖木结构。头门木门夹，花岗岩石门枕，石门额刻“迴龙

迴龙祠（黄井福　摄）

祠”，上款为“嘉庆丁丑季春重建”，下款为“众信仝敬立”。石门对联为“大唐口著坤贞德，天府薇传女丈人”。2根前檐柱，虾公梁，明间前有五级石灰石台阶；中堂4根花岗岩石柱，石柱础；后堂6根花岗岩石柱，石柱础，王架棚顶。明间后部设香案，后堂前带天井，天井以石灰石块铺面。祠内所有石柱都刻有楹联，四周墙壁均有壁画并题有诗。大厅供奉曹主娘娘，4间内房用于黄姓子弟读书。中华人民共和国成立后，在除“四旧”时，祠堂所有诗画及梁上的雕刻悉被破坏，后改为“修文社学”，用作书院。该祠堂于2011年12月被列为英德市第六批文物保护单位。

观音厅，始建于清朝。坐北向南，砖木结构，二进一天井。头门单间，面阔11.02

观音厅（大湾镇文化站供图）

米，总进深18.81米，占地面积207.3平方米。青砖地板，石门枕雕刻有精美图案，雀替雕刻精致。头门木门夹，石灰石门枕，明间前有三级石灰石台阶。中堂4根漆金木柱；后堂明间后设神龛、香案；后堂前带一天井，由石灰石砌筑。门楼两边各摆设2对石凳，可供村民乘凉聊天。

黄氏宗祠，始建于清朝。坐北向南，青砖木结构，三进一天井，面阔7.06米，总进深26.46米，建筑面积186.8平方米。头门单间，木门夹，石门枕，木趟栊，门额阴刻“岭南名家”，落款为“清增贡生七十七岁阳山林绍殷书”，明间前有五级石灰石台阶。中堂2根圆木柱，石柱础，设两扇屏门，门间挂一布帘。后堂2根圆木柱，石柱础，青砖地面，后墙前摆放香炉，左右墙上挂木对联“江城产英贤教化颍川称第一，夏中崇孝友图书东观仰无双”。

黄氏宗祠（陈神保　摄）

（供稿：英德市大湾镇政府；复核：英德市史志办）

英德市黄花镇

古寨村

名片

- 广东省古村落
- 小布达拉宫
- 广东省文物保护单位

古寨村村貌（黄花镇文化站供图）

古寨村，即彭家祠，位于黄花镇城下村。始建于清朝中期，保存完好。彭家祠占地面积约9000平方米，1995年12月被公布为英德市文物保护单位。2016年10月，古寨村被评定为第五批广东省古村落。2019年4月，寨山彭家祠被列为第九批广东省文物保护单位。

古寨村坐落在高约33米的螺山上，既是当地彭姓族人过去为抵御土匪滋扰而建的防御型堡垒，又是祠堂，同时也是一个古建筑山寨，乡间称之为“寨山古堡”。整个建筑封闭，自成一体。山间仅有一条蜿蜒曲折的石阶通道盘旋至山顶，两边的房屋建筑均依地形地势兴建，大小厅房数十间。一栋栋房屋从山脚一层一层盘旋至山顶，逐层增高，错落有致，十分壮观。因其建筑布局与西藏的布达拉宫相似，在青山之中隐

彭家祠内部石阶（英德市史志办供图）

隐显露出雄姿，故有“小布达拉宫”之称。

彭家祠坐南向北，房屋从山脚起建至山顶，共分三层建筑群，只有北面一条平均宽1.5米、用石灰石打制成条铺至顶层的石阶路，其余三面均是悬崖峭壁。

首层建筑群有房屋5栋，坐南向北3栋，东西两边各1栋。第一栋基础用不规则的石灰石砌至3米高，接砌26厘米×6厘米×12厘米青砖至挑头，再接砌35厘米×13厘米×20厘米泥砖至顶。大门用213厘米×12厘米×42 厘米的花岗岩石环砌，门楣上悬挂一块276厘米×74 厘米的木牌匾，楷书阳刻“明义知方”四个大字，由清咸丰年间英德知县陶人杰为绅士彭宝光、彭珠光、彭应能等人所立。

二层建筑群为书堂。硬山顶配镬耳封火墙，采用未施釉的瓦当装饰，墙体用26厘米×6厘米×12 厘米的青砖砌筑。书堂共有房舍5间，中间为厅，厅内檐壁下画有山水人物画和古诗词等。书堂外有一间较矮的平房，中间为天池，天池两边各有一个金鱼池（已毁），天池侧的三面墙上分别用灰浆抹雕梅花、菊花、人物等图案，在浮雕下有一个用泥胚烧制、未施釉的大花窗（现仅存北面墙的一个）。在二层建筑群的

彭氏宗祠（英德市史志办供图）

左边还设有哨楼（已毁）和炮楼。

第三层（顶层）建筑群为彭氏宗祠，硬山顶配镬耳封火墙，有房舍5栋，其中坐南向北3栋，东西各1栋。首栋大门门楣上有一匾，书“驰封中先大夫”，落款为“光绪元年”。第二栋为祠堂，祠堂和第三栋的檐壁有壁画或灰浆抹雕花草图案。首栋前面和第三栋的后面均有用青砖或砖石混合砌筑的围墙，并在围墙上设有多个瞭望眼（窗）。

（供稿：英德市黄花镇政府；复核：英德市史志办）

光荣之村
争取更大光榮
發揚革命傳統

连州

历史文化村

连州市西江镇

南坪村

名片

- 中国传统村落
- 传统民居
- 广东省古村落

南坪村村貌（罗渝馨　摄）

南坪村，位于西江镇东北面，距镇政府5.5千米。始建于明朝中期，梁姓先祖由阳山县小江埠下坪村迁至现址立村。世居村民均为梁姓。2016年10月，该村被评为第五批广东省古村落；2019年6月，被列入第五批中国传统村落名录。

巷道（欧阳奇志　摄）

南坪村发展至清代，逐渐形成“四横三纵”的格局。四条横巷、三条直巷相互交织，将后龙山、祠堂、门楼、门楼坪、水塘、稻田贯通。房屋层层递进，层次

门楼梁架木雕（欧阳奇志　摄）

分明。村中现存20栋明清时期传统民居。

传统民居主要由大门、前厅、中门、天井、厅堂、厢房组成。墙体水磨青砖对缝，飞檐高高翘起，形状如翘首的凤凰或欲奔的马头，承接飞檐的木梁上雕刻着鳌鱼图案。屋檐下精雕细刻有装饰彩画和雕塑，彩绘的颜色有赤、青、蓝三种，彩绘内容有花虫鱼兽等祥瑞动植物图案以及戏文典故等。浮雕图案则有造型优美的五只蝙蝠（寓意“五福临门”）、龙与凤（寓意“龙凤呈

镂空木雕（欧阳奇志　摄）

石雕（欧阳奇志　摄）

祥”）、麒麟献瑞等。门栋、窗檐、大门上也雕刻有各种图案。这些图案有的是为了避邪镇宅，如八卦图、兽面图等；有的代表祥瑞，如“寿字符”“万字符”。

胜龙祠殿，始建于清代，供奉土主公梁孔英、老爹、盘古大皇、花娘娘、红面将军、黑面将军、伯公伯婆。每年农历二月初五、九月二十七“打平安醮”。

南坪村是解放战争时期游击队的活动地区。1947年冬，梁天培带领连阳四县的游击队，在南坪村抗击国民党军队。南坪群众大力支持游击队，捐粮、捐钱，并捐赠七九步枪8支、牛仔枪2支、左轮手枪2支。同时，梁家元、梁金汉、梁朝和3人加入游击队。1993年4月，该村被评划为解放战争时期游击根据地村。

（供稿：欧阳奇志、石振明；复核：林玉莲）

连州市连州镇

沙坊村

名片

- 中国传统村落
- 洗佛节
- 沙坊粉

沙坊村村貌（陈伟星　摄）

沙坊村，位于连州镇西北部，距镇政府约15千米。始建于唐末五代时期，五代楚水部员外郎石文德后裔居住于此立村。该村坐西南向东北，发源于大龙山腹地的大龙河绕村而过。2014年11月，沙坊村被评定为第三批中国传统村落。

村中有4座古门楼：儒林锡里、儒林毓秀、儒林坊（上和里）、儒林盛里。代表性建筑除古门楼外，还有明清时期古建筑群石挺静故居、石万谦故居，元至治二年（1322）石德叟修筑的水利工程官陂。

传统民居（石振明　摄）

传统民居有110栋，多为明清时期砖瓦建筑，面阔三间，硬山顶，中间为堂屋，两侧为二进卧房，大门正对堂屋或开在卧房一侧，形成过厅。门上嵌木制月梁，浮雕精美，门额饰一对雕花木门簪。石万谦故居是一幢封闭式四合大院，青砖木结构，两层半高。楼上楼下设4座13间房，上下房间均设环形走廊连通。院内通道有天井采光，设12条砖柱承重。村中建有炮楼，建筑造型庄重又不失优美。

儒林锡里门楼坐西向东，为砖墙搁檩式单向二层楼建筑，悬山顶，上为阴阳板瓦面，以板瓦叠砌正脊。青砖筑卷拱门，素面石门枕，门额镶“儒林锡里”石匾。门楼前是由青石板铺设的半圆形地坪和一口半圆形水塘。儒林坊（上和里）为门楼、凉亭

儒林坊（上和里）门楼（石振明　摄）

合二为一的建筑，木雕、彩绘图案精美，建筑风格奇特。凉亭有藻井，彩绘八仙法器、飞龙戏珠、蝙蝠及祥云图案；封檐板有祥云、花卉彩绘，山墙绘八仙彩图。

六月初六洗佛节（刘志成　摄）

沙坊村文化底蕴深厚，清同治九年（1870）版《连州志》坊表载："儒林"在沙坊，为水部员外郎石文德立。公元938年，沙坊村始祖石文德以挽联"月沉湘甫冷，花谢汉宫秋"获得楚王马希范赏识，赐水部员外郎，并改村居"平合乡"为"儒林乡"。"儒林锡里"门楼匾就是为了纪念这段典故而设立。

该村传承"耕读传家"祖训，好学之风兴盛，千年来，共有20位先贤在地方志书《广东通志》《连州志》《连山县志》等留下名字。元至治二年石德叟筑官陂，灌溉良田1顷，这一故事在《广东通志》《连山县志》中均有详细介绍。沙坊村洗佛节和沙坊切粉制作技艺分别于2013年和2018年入选广东省非物质文化遗产代表性项目名录。

晒沙坊粉（潘贤强　摄）

沙坊粉是沙坊村的特产，据说已有数百年历史。沙坊粉制作工艺精细，首先精选沙坊产晚造大米，装入箩筐后置于大龙河浸泡，让流动的河水冲走杂质，直至捞起来手感顺滑，再用大石磨磨成米浆，从石磨流入木盆的米浆平滑如镜。用木勺将米浆舀入铁盘，置于土灶大锅内蒸熟成粉皮，靠太阳和自然通风晒干，然后切丝、包扎。制作好的沙坊粉具有久煮不烂、口感爽滑的特点。

（供稿：刘增威、石振明；复核：林玉莲）

连州市大路边镇

大路边村

名片

- 中国传统村落
- 革命烈士纪念碑
- 明远楼

大路边村村貌（大路边镇政府供图）

大路边村，位于大路边镇中部，为镇政府驻地。始建于元大德二年（1298），至今已有700余年历史。成姓先祖从广东香山（今中山市）迁到现址定居，发展成村落。曾用名策玉村。连州东翼古驿道从湖南宜章穿越南岭而来，进入广东境内，策玉村是古驿道边第一个较大的村落，故后来改称大路边村。2019年6月，大路边村被评定为第五批中国传统村落。

大路边村的古建筑既吸收了古代荆楚建筑艺术风格，又兼有南越之地的特色。现存湘南风格民居建筑约130座。成氏老屋，建于清代，占地面积200平方米，青砖瓦顶，现仍有人居住。

大路边村的东、南、西、北面各有1座门楼，加上各个家族门楼，全村有大小门楼共9座。明远楼，始建于清道光年间，是该村的南门楼，亦为该村的正门。楼前有半圆

明远楼（石振明　摄）

村围（石振明　摄）

戍楼（卢俊峰　摄）

形坪地，前面有溪水流过，石拱桥连接两岸。门楼宽10.4米，进深5.5米；城门式建筑，楼高三层，重檐歇山屋顶，拱形门洞，两侧各有一间房，地面用石板铺砌。当有盗匪进犯村庄时，该楼是村民防卫作战的指挥部。抗战期间，中共星子农村支部以明远楼作为秘密活动地点，浦上乡（今星子、大路边地区一带）青年抗日学习会也以此为会址。该村有多名中共地下党员成为连州早期革命的重要领导人。

村围高3～5米，以红色砖块砌筑，总长度超过1600米。村西面的戍楼，始建于清代，砖石砌建，镬耳形。楼高四层，砖木结构，硬山顶，圆拱形山墙，每层开拱形窗。明远楼和戍楼均为整村城围的重要组成部分。

村中坑仔口古桥横跨护城河，为元大德年间该村开基时所建，是该村古代通往外界的主要通道。桥长8.6米，单拱，由红砂岩石块砌成。

成氏宗祠，始建于明代，占地面积300平方米。门前有一对石鼓，形制颇有特色。祠内三厅，享殿供奉祖先牌位。

1949年11月5日，南下的解放军第二野战军第四兵团一部在连江支队和民兵的支持配合下，与国民党交警第十七总队在该村展开激战，经过一天两夜艰苦战斗，取得完全胜利。这场战斗是解放连县的关键一役，对解放连阳具有决定性意义。村中烈士墓掩埋着42名当时牺牲的解放军英烈。山冈松林中，烈士墓前的纪念碑昂然耸立，已被列为青少年革命传统教育基地，1996年被公布为连州市文物保护单位。

成氏宗祠石鼓（张仁敏　摄）

巷道（石振明　摄）

每年农历六月初六，大路边村一带的农村家庭都要请回出嫁女，好好招待一番再送回去。除接回出嫁女外，还将其姑祖婆刻成像，举行隆重的仪式将姑祖像接回娘家供奉，称为“六月六，接姑姑”。

大路边村拓展介绍

大路边村革命烈士纪念碑（黄晓超　摄）

（供稿：彭灏、石振明；复核：林玉莲）

连州市大路边镇

山洲村

名片

•中国传统村落

山洲村村貌（大路边镇政府供图）

山洲村，位于大路边镇东北面，距镇政府8千米。村庄四面环山，有一山泉，水源充沛，春天雨水丰富，泉水充盈，整座村庄被绿水环绕，犹如水中之洲，故取名山洲。世居唐、张、何、欧阳、黄、周、成7姓村民。唐姓先祖于元代从江西迁至今广东连州大路边镇黎水村；明代从黎水村迁至此地。张姓先祖于明代从江西迁至此地。何姓先祖于明代从广东乐昌迁至此地。2019年6月，山洲村被评定为第五批中国传统村落。

村落坐西向东，依山而建，现存明清时期门楼3座、祠堂2座、湘南风格古民居20多栋。据2002年5月版《山塘志》记载，山洲村有围墙，建于明隆庆四年（1570），用砖砌成。围墙长约800米，高6.5米，顶宽40厘米。主门楼位于北面，北门又称“龙津门”，始建于明隆庆四年，砖木结构。门楼上为更楼，总高8.75米。大门呈拱形，高3.8米，宽1.85米，门扇以铁皮包裹，俗称“铁门楼”，门额石阴刻“北门”二字。楼内有明隆庆四年的“拱门楼记”碑、明万历元年（1573）的“捐款碑记”碑、清乾隆二十三年（1758）的“栽植后龙树”木碑3通。门楼前是台地，边置石凳，右侧有古柏3棵。此外，村东北有1座门楼，高三层，门额上嵌“山洲何家”石匾，门前有一池塘；村南门楼为迎龙门，高两层，门额上嵌石匾，阴刻“迎龙门”。

北门（大路边镇政府供图）

村庄有唐氏宗祠和何氏宗祠各1座。唐氏宗祠，始建于清代，清末重修，占地面积300平方米。祠堂为一进二厅，中厅是穿斗式抬梁结构，使大厅拥有宽阔的空间。后厅是祭祀祖先的地方，厅正中的神龛摆放着唐姓族人列代祖先牌位。唐氏宗祠门前设石鼓一对，鼓面雕凤凰、牡丹图案；鼓上雕一狮子，趴在圆鼓边，灵巧秀气。

唐氏宗祠石鼓（石振明　摄）

何家明公宗祠（魏文石　摄）

何家明公宗祠建于清光绪十五年（1889），分上、下两厅，上厅供有祖宗牌位，下厅有天井，左右两旁均有厢房。大门右石鼓刻有麒麟，左石鼓刻有狮子。

巷道（石振明　摄）

山洲村的传统民居是湘南风格，其中代表性民居有张氏老屋，建于清代，占地面积250平方米。老屋飞檐高翘，青砖灰瓦，水磨对缝，雕梁画栋，有鲜艳的檐画、精美的木雕，自成院落，室内有天井，天井两旁的厢房用木隔扇隔开，木隔扇上有镂空雕花图案。老屋保存完好，现仍有人居住。

风格独特的窗花（石振明　摄）

山洲村至汛塘村有一段由青石板铺成的古驿道，长约2000米，宽约2米，保存较好，村民耕种时仍使用该驿道。驿道边仍保存有几间当年的驿铺，每间占地面积约200平方米，泥砖土墙，门面阔敞，门窗均可卸下，为前店后铺形制，主要为当时行经古驿道的商贾摊贩提供旅店服务，现已无人居住。

舞火龙是大路边一带中秋节庆的重要民俗活动，起源于元末明初。活动参与者众，场面热烈，氛围喜庆。火龙由稻秆扎成，插上点燃的大香，由村里的青壮年挥舞。每年农历八月十五至十七，火龙队伍在村里游走，火龙所到之处，村民皆燃鞭炮表示庆贺。舞龙者大多赤裸上身而行，村民则家家户户点燃鞭炮往舞龙者身上扔，据说可带来好运。

古驿道（大路边镇政府供图）

（供稿：彭灏、石振明；复核：林玉莲）

连州市大路边镇

凤头村

名片

- 中国传统村落
- 古驿道
- 广东省古村落
- 陈氏祖屋
- 种福亭

凤头村村貌（大路边镇政府供图）

凤头村，位于大路边镇北部，距镇政府7千米。始建于明洪武元年（1368），陈姓先祖因避战乱举族从江西迁至此地而形成村落。通用星子方言。该村地势险要，地处汛塘村、泽塘村至湖南省宜章古驿道上，是古代连州北通向中原的两条要道之一。2016年10月，凤头村被评定为第五批广东省古村落；2019年6月，被评定为第五批中国传统村落。

凤头村留存着由青石板铺砌而成的古驿道，古驿道长约1000米，宽约2米。种福

种福亭（石振明　摄）

亭为古驿道上的一座凉亭，古驿道穿亭而过。凉亭为砖石木瓦建筑，占地面积约100平方米；地基高1米，由长方形青石条砌成；青砖砌墙，青石条门，门额上镶有“种福亭”石匾额。

村中现存宗祠1座，始建于清代，后于近代得到修复，占地面积约2000平方米。祠堂前厅由前檐、大门、中门组成。大门左右各用一根巨大的方形石柱支撑起2米的前檐。中厅则是采用粗大的木桩为柱，大厅用抬梁结构来支撑，用作日常议事厅。后厅也称享殿，是日常用于祭祀祖先的地方，厅的正中设巨大的神龛，神龛里摆放着本氏族历代祖先牌位。每年清明节，全族人都会集中在这里举行祭祖仪式。

古驿道（大路边镇政府供图）

陈三公祖屋（石振明　摄）

陈氏祖屋（魏文石　摄）

古民居的门墩（石振明　摄）

村中古民居为传统湘南风格建筑，现存5座。其中代表性民居有陈三公祖屋，建于清代，占地面积约300平方米。青砖瓦屋，飞檐高翘，有檐画灰雕，室内有天井，天井两旁的厢房用木隔扇隔开，木隔扇上有镂空雕花图案，现保存完好。

1931年，邓小平率红七军经凤头岭过宜章，到江西井冈山之前，曾在该村的陈氏祖屋休整、开会。

（供稿：彭灏、石振明；复核：林玉莲）

连州市大路边镇

东村江村

名片

- 广东省古村落
- 戍楼
- 欧阳氏宗祠
- 寨磅古堡
- 传统民居

东村江村村貌（大路边镇政府供图）

东村江村，位于大路边镇西南面，距镇政府7千米。始建于宋朝，欧阳姓始祖欧阳裕由江西到粤为官，致仕北上，择此立寨。该村颇具特色的建筑有欧阳氏宗祠、戍楼、古城堡以及湘南风格的传统民居。2016年10月，该村被评定为第五批广东省古村落。

村中现完整地保留着砖木结构的古祠堂和大厅屋，有3座宗祠。宗大公宗祠，始建于清康熙元年（1662），宗祠头门门额有雕花户对4个，五檩卷棚顶彩绘“洞宾一点定乾坤”等八仙故事图案。来公祖祠，始建于清康熙十二年（1673），占地面积1779平

欧阳氏宗祠外景（石振明　摄）

来公祖祠（石振明　摄）

方米，三进大厅，厅中有14对抱围较粗的圆木桩，宗祠门前两旁石鼓耸立，规模宏大。道公宗祠，建于清康熙五十九年（1720），祠正厅中的神龛上挂“庐陵正派”木匾。

3座宗祠门前共有18对旗杆石柱。来公宗祠存有立于清康熙元年的“鼎建来公宗祠碑记”碑刻和书于清代的“庐陵正派”匾额。宗大公宗祠有对联“继祖宗一脉真传克勤克俭，教子孙两行正路惟读惟耕”。欧阳氏家族重视家族文化传承，逢年过节合族子孙祭拜先祖，弘扬爱国、孝悌、敬业、诚信、友善、勤劳、俭朴等道德风尚。

宗大公宗祠石鼓雕塑（石振明　摄）

村中湘南风格的传统民居现存多座，保存完好，其中代表性民居有欧阳显玉老宅，建于清代，占地面积500平方米。欧阳才政老宅，始建于民国时期，占地面积2000平方米，是一座中西合璧的建筑，

民国洋楼（石振明　摄）

现保存较好。两座老宅现仍有人居住。

村中的戍楼始建于清代，高五层，岭南镬耳形建筑，集住宅与防御功能为一体。村中有私塾学堂遗址，该学堂也叫“高书房”，始建于明代。

村庄北面2千米处的半山腰上有一片古堡，叫“寨磅古堡”。以齐整的条石构筑成高大墙体，依山而建，大致呈圆形，覆盖半个山头。城墙高5米，厚约1.8米，周长3000米，墙内总面积1万平方米。古堡有东、西、南、北4座城门。

东村江村是连州至湖南临武、宜章古驿道沿线的重要村落。东村江村至白牛桥村古驿道长约2千米，用大块青石铺就路面。古驿道保存较好，村民现仍在使用。

戍楼（魏文石　摄）

寨磅古堡（魏文石　摄）

（供稿：彭灏、石振明；复核：林玉莲）

连州市星子镇

马渡坪村

名片

- 广东省古村落
- 邓氏祠堂
- 寿星楼

马渡坪村村貌（星子镇政府供图）

马渡坪村，位于星子镇西南部，距镇政府约12千米。始建于宋末，先祖从保安水口迁至此地立寨。村庄建于星子河边，原是古水路驿道上的一座渡口，在没有桥梁之前，过往人马货物均要在此过渡，因此称为马渡坪。2016年10月，马渡坪村被评定为广东省古村落。

代表性建筑有老屋、寿星楼、邓氏祠堂。传统民居为湘南民居。代表性民居有邓氏老屋，建于明末清初，于清末重修，占地面积300平方米，青砖瓦屋，飞檐高翘，

古驿道遗址（石振明　摄）

有檐画灰雕，室内有天井，天井两旁的厢房用木隔扇隔开，木隔扇上有镂空雕花图案。老屋现保存完好。

寿星楼（邓兰芳　摄）

寿星楼是主门楼，坐东北向西南，始建于明代，于清代重修。寿星楼为二层重檐式建筑，高约9米，砖木结构，飞檐高翘，雕梁画栋。首层开半圆形拱门，石门额阴刻“文明”二字，左右开对称圆形窗眼。二层开三平列镂空“十”字形窗，居中篆书白底黑字“寿星楼”三字。

邓氏宗祠，始建于明代，清道光九年（1829）重修。祠堂规模宏大，坐东北向西南，三间

邓氏宗祠（石振明　摄）

祠堂石雕龙纹抱鼓石（石振明　摄）

二进布局，通面阔15.6米，通进深29米，占地面积452平方米。

祠堂门口镶嵌一对须弥座青石鼓，鼓正面雕飞龙祥云图，背面雕荷花图。

祠堂存有立于清代的“鼎建南阳宗祠碑记”石刻。传世的《邓氏族谱》，纂修于清代。

（供稿：邓兰芳、石振明；复核：林玉莲）

连州市星子镇

老滂塘村

名片

- 中国传统村落
- 青石石鼓
- 邓氏老屋

老滂塘村村貌（星子镇政府供图）

老滂塘村，位于星子镇南部，距镇政府约6千米。始建于宋末，世居连州太守邓鲁后裔。因村中有2口大水塘，村庄傍大水塘而建，星子方言“傍”有“滂”的意思，故取名滂塘村。2019年6月，老滂塘村被评定为第五批中国传统村落。

村庄地处骑田岭古驿道一个重要的驿站。经村边的古驿道长1000米，宽1.5米，用当地石材（豆石）铺设。现古驿道成为田间小道，农民耕种时还穿行于其间。

现存传统民居16座，其中具有代表性的有邓氏老屋，建于明末清初，于清末重

传统民居（石振明　摄）

修，占地面积200平方米。青砖瓦屋，室内有天井，天井两旁的厢房用木隔扇隔开，木隔扇上有镂空雕花图案。现保存较好，仍有人居住。

邓氏宗祠，始建于明代，清代重修，占地面积约300平方米。祠堂规模宏大，有一进二厅。中厅是穿斗式抬梁结构，空间宽阔。后厅正中设巨大的神龛，摆放邓氏族人列代祖先牌位。每年清明节，全族人都集中在宗祠举行祭祖仪式。祠堂存有“芝兰秀气”木匾。

邓氏宗祠（石振明　摄）

“芝兰秀气”木匾（石振明　摄）

石鼓转角雕刻（石振明　摄）

石鼓上精美的雕刻（石振明　摄）

祠堂门口镶嵌有一对须弥座镇门青石鼓，石鼓正面雕刻六边形图案，图案内刻“凤凰衔如意”图。鼓背面雕有一个圆圈，圈内雕铜钱图案，铜钱图案与圆圈之间还有8只蝙蝠，寓意福在眼前。每个石鼓上雕刻有一个石狮。鼓座转角精美的狮子头雕塑，一笔一刀，形神兼备。

每年正月二十，村民过祀封节，为纪念祖先邓鲁受封为连州太守。祭祀活动有“抬神”“游神”“打蘸”等程序。

（供稿：邓兰芳、石振明；复核：林玉莲）

连州市星子镇

黄 村

名片

- 中国传统村落
- 广东省古村落
- 黄氏宗祠
- 桂香居
- 十样锦古乐

黄村村貌（星子镇政府供图）

黄村，位于星子镇西南部，距镇政府约2千米。始建于宋朝，黄姓先祖由江西到连州为官，退休后定居此地，繁衍后代，形成村落。世居村民为黄姓。2016年10月，黄村被评定为第五批广东省古村落；2019年6月，被评定为第五批中国传统村落。

黄村是秦汉古道上的一个重要驿站。《星子志》（1998年版）载，黄村古城堡始建于元末，坐北向南。现存围城、门楼、水井，巷道格局未变。城堡东西宽300米，南北长200米，占地面积6万平方米。村内巷道纵横有序，呈八卦阵布局，易守难攻。村中心月台营大水井的井水，战时可供全村人饮用。村四周筑有10米高的城墙，开东、

宗祠及城墙（石振明　摄）

南、西3门，建东、南、西、北4座门楼，4座门楼均有双层门洞，每层厚3米。门洞中间是两扇厚厚的柏木板门扇，门扇上还包着铁皮。北楼为主楼，宏伟壮观。原城楼上设12座炮台，配以12门猪仔炮、100多支台铳（毛瑟枪）。

门楼及城墙（石振明　摄）

村中的黄氏宗祠始建于宋初，现存建筑为清代建筑。宗祠为二进一天井带两廊四合院式布局。青砖砌筑，硬山顶，四角飞檐。头门两根木檐柱，有鼓形石柱础；虾公梁，门前置一对须弥座镇门石鼓，须弥座雕瑞兽、

古巷（石振明　摄）

花卉图案，内置屏门。屏门后是天井，两侧是走廊。中央设神龛，供奉石刻班辈图牌位。后屏门木楼梯上阁楼，阁楼设神龛，供奉黄姓先祖及观音、土地公等。墙上设枪眼、瞭望窗。屋脊塑鳌鱼、宝瓶。祠堂内存有清嘉庆十五年（1810）立的“丛山岭种松树”碑、清道光二十年（1840）立的“重修上街大路”碑、1927年立的“修路记”碑、1997年立的“维修北楼记”碑。门楼集祠堂、戍楼于一体。

桂香居门楣嵌“桂馥兰芳”匾（石振明　摄）

黄村传统民居为湘南民居，代表性民居有桂香居。桂香居，始建于清末，占地面积500平方米。正面门楣上嵌“桂馥兰芳”匾；水磨青砖对缝，飞檐高高翘起，承接飞檐的木梁上雕刻有鳌鱼图案，屋檐下精雕细刻有装饰彩画和雕塑。门栋、窗檐、大门上也雕刻有各种图案以及避邪镇宅的“八卦图”。现保存完好，已无人居住。

村中遗留有20世纪五六十年代公社社员的集体劳动记忆——星子公社黄村大队礼话队社员劳动工分公布表。

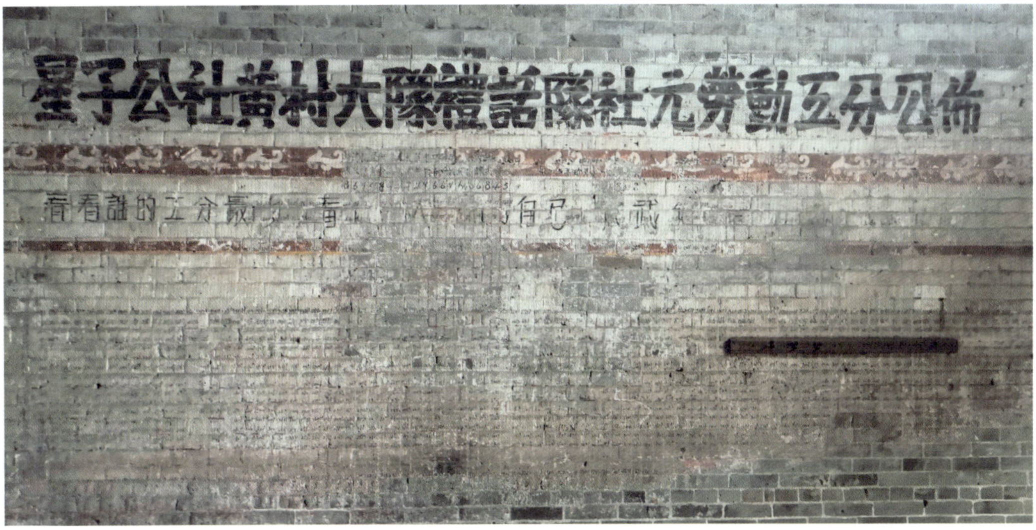

工分榜（石振明　摄）

特色民俗有十样锦古乐，形成于宋代，流行于元、明、清。“十样锦”是深受群众喜爱的民间打击乐，其名字的由来，一是演奏时需用十种乐器：高边鼓、扁鼓、芒冬鼓（俗称“和尚头”）、高边锣、小锣、硬锣、中钹、小钹、木鱼和唢呐；二是演奏的曲牌中有“十样锦”这一曲牌名。十样锦的鼓点和曲调优美动听，具有独特的风格，现存的曲牌有十样锦、前三思、后三思、五方仔、拜五方、坐车、闹严府、五吹五庆、行山调。

演奏十样锦锣鼓时可坐，也可在行进中演奏。为了助兴，演员还可以做一些表演动作。其中值得一提的是“耍钹花”，演员把手中的铜钹顶于右手食指上，以左手转动钹，然后进行表演。表演的花式有单手转钹、双手转钹、高空飞钹、黄龙缠身等，其中高空飞钹和黄龙缠身难度较高。

乐师演奏十样锦（邵桂生　摄）

（供稿：邓兰芳、石振明；复核：林玉莲）

连州市西岸镇

马带村

名片

- 中国传统村落
- 公孙三进士
- 门楼
- 古戏台
- 唐氏宗祠
- 六角井

马带村村貌（石振明　摄）

马带村，位于西岸镇西南部，距镇政府1.9千米。始建于北宋，唐姓先祖唐甫自湘南蓝山迁至白鹤山下立寨，称韶甫。大宋景祐年间，唐姓先祖欲寻找更宜居的地方，恰好看到一匹怀孕的母马在貔貅岭脚一孔岩洞前生下马驹，于是认为此地是添丁的宝地，便从韶甫迁到此地立寨，取名马带，也称金马坊。世居唐、曹、石、许姓村民。马带村于2009年被评定为第二批广东省古村落，2013年8月被评定为第二批中国传统村落。

马带村传统民居为明清建筑风格，青砖黛瓦，四角飞檐，檐下描花卉丹青。民居围绕门楼而筑，金马世第门楼与儒林世第门楼之间以围墙“白城仔”连接，形成封闭的居住空间，远望如一座古堡。代表性建筑有金马世第、儒林世第、南门楼及唐氏宗祠、古戏台。

金马世第门楼始建于北宋元祐元年（1086），于清乾隆二十五年（1760）、清道光八年（1828）重修。儒林世第门楼始建于清道光十年（1830）。两座门楼均坐东北向西南，青砖青石脚，石块叠砌1.2米高为脚，为砖墙搁檩架单间二层建筑，硬山顶，四角飞檐。

唐氏家族在北宋时期曾有“公孙三进士”荣耀。祖唐元，北宋雍熙二年（985）进士，历任渝、韶、陕等四州知府，后累官至尚书，屯田员外郎。父唐静，北宋大中祥符八年（1015）登进士第，任大理寺评事，为官清廉，执法严谨，为张士逊、陈尧咨、晏殊所推重，范仲淹亦以兄事之。孙唐炎，北宋景祐元年（1034）登进士第，为太子赞善大夫。

“金马世第”匾（石振明　摄）

关于“金马世第”匾，有一个传说。唐炎喜欢看戏。有一年元宵节，唐炎忙完事务后去看戏，

儒林世第门楼（石振明　摄）

古戏台（西岸镇政府供图）

但戏台前已坐满观众，因此要在拥堵的人群中找座位，便淡了看戏的雅兴。宋太子获悉后，找来一只灯笼，上书“金马坊”，让护卫提着灯笼护送唐炎入座。此后，每逢看戏，观众看见“金马坊”灯笼，都主动让道，让太子敬重的老师顺利入座。据说，太子题写的“金马坊”三字略显仓促，“马”字的四点用拖笔法，两点就解决。后贤将太子题刻拓印，镌刻在门楼石匾。现今仍可以见到这块“金马世第”石匾，“金”字一竖穿顶，“马”字下方是倒写的“ㄚ”。

儒林世第中居住的是五代楚水部员外郎石文德后裔，分支始祖为清代出任廉州府灵山县儒学训导的石扬祖。门楼内有祖屋，供奉石扬祖牌位，神龛镶“好义可风”匾。至今，石姓居民仍使用阿B声（大明时期连州城的通用语言）交流。

古戏台选址村南，与唐氏宗祠相对。戏台用石块做基石，舞台铺木板。单檐歇山顶，四角飞檐，中间饰宝瓶。戏台四角各有一对木柱，垫素面覆盘形石柱础。中堂绘大幅南极仙翁像，上方挂“永乐盛世”匾，两侧对联为“永乐庆无疆自有笙箫雅韵，盛世钦萃荟常闻钟鼓锣声”。左右设厢房，房门上方书“出将”“入帅”。栋梁书“大清光绪三十四年岁次戊申仲秋月吉日合乡众信等重建”。早期有唐仁喜、石玉琴、唐金安等连县“莲花彩”采茶戏班主要演员，后他们被调入韶关粤北采茶戏团。

唐氏宗祠（石振明　摄）

唐氏宗祠，单层砖木结构，始建于清乾隆四十一年（1776）。宗祠三进结构，分前厅、中厅和正厅。祠堂内有殿、厅、轩、廊和天井，分别悬挂4块木匾：大门为“唐氏宗祠”匾，前厅为“金马世第”匾，中厅为“簪缨世杰”匾，正厅为“直上云衢”匾。正厅前走廊两侧的砖柱有楹联“自蓝湘而至连城进士家声昭万古，由白鹤而迁马带晋阳世泽振千秋”。镇守祠堂大门的是一对以青石为原材料，雕刻精细的石狮子驮鼓。

六角井（张仁敏　摄）

马带村有3口古井：大井、沙石井、深井。大井、沙石井水源相通。大井形状为六角形，青石条叠砌，两层井栏。井水清洌、微甜，井中有水藻、鱼虾。村中新娘嫁入当天，由接嫁娘带领去大井担水。打水前，往井里扔两枚铜钱，称买“迎新（娘）水”。老人辞世，大孝子提一只水桶到大井打水净身再入殓，打水前也要扔两枚铜钱，称买“辞别水”。

（供稿：成晓君、石振明；复核：林玉莲）

连州市西岸镇

冲口村

名片

- 中国传统村落
- 文德巷
- 陈氏宗祠
- 门楼
- 进士亭

冲口村村貌（骆志刚　摄）

冲口村，位于西岸镇中部，距镇政府约5千米。地处大龙山余脉石脚坑、天良坑、盐步冲、石马迳4条山冲的出口，素有“十里冲、八里口”之说，因此叫冲口村。村庄始建于宋代，陈姓族人自金陵（今南京）辗转迁至现址定居。北宋皇祐年间，双桂村陈铨、陈铸兄弟二人同登进士，人们称其为“双双折桂”，得名双桂村。此后，陆续有何姓、黄姓、梁姓等10余个姓氏迁入聚居，形成双桂、崇德、启明、何家（竹园）、达巷5个村组，俗称“五坊寨”。至清初，冲口村已是连州东陂区域第一大村，有居民300余户2000多人，形成了城墙、碉堡环抱的格局，故又称冲口城。冲口村于2009年被评定为广东省古村落，2013年被评定为中国传统村落。

冲口村代表性古建筑有双桂门楼、崇德门楼、西华献瑞门楼、陈氏宗祠、何氏宗祠、进士亭。

陈氏宗祠始建于清乾隆元年（1736），为砖木建筑，三进二井带两廊。硬山顶、人字形灰塑博古封火山墙。头门门额挂“陈氏宗祠”木匾。上款阳刻“光绪五年岁在乙卯仲春月合复立”，下款阳刻“赐进士出身翰林院检讨前任广西学政即补府署连州直隶州正堂袁泳锡敬书”。袁泳锡，山东历城县进士，翰林院检讨，记名御史，广西学正揀发广东候补知府。清同治四年（1865）署理连州，爱士恤民。前厅屏门挂“名登仕殿”匾，上款为“钦命广东等处承宣司布政使魏元为”，下款为“道光元年佳后□二职员候补□州陈德祥立”（方框处的字已无法辨别，以方框代替）。

宗祠的灰塑脊饰清晰明亮，脊饰大多为写意之福、寿、喜、禄、祯、祥团花，上厅、天井左右山墙有神话故事题材灰塑。宗祠有数通石碑：“鼎建双桂宗祠”碑叙明建造宗祠和进士亭的缘由，“置买尝田碑记”碑、“捐地”碑记载了置办蒸尝田产，“禁砍伐树木”碑规范家族财产管理。1918年夏，连阳土匪聚居西岸，不久攻陷东陂，时任西溪高等小学校长陈松年带学校师生回村避难，在陈氏宗祠复学。

进士亭（邱贵星　摄）

进士亭与宗祠相接，为纪念陈铨、陈铸兄弟同登进士而筑。八角形歇山顶，16柱穿斗式梁架，由圆木、方木一层层榫接，106个榫头撑起一个通高5.2米的建筑空间，尽显岭南建筑艺术文秀朴实之风格。

文德巷（吴秋伟　摄）

村中的文德巷是当年陈铨、陈铸兄弟带着“双双折桂”的喜悦披宫锦、骑大马走过的，是村民心中的吉祥幸福之巷。每逢娶亲、入

崇德坊门楼（罗敏　摄）

伙、贺寿、添丁等喜事，喜庆的队伍一定要走一趟“双进士”当年走过的巷道，以沾喜气、讨彩头，期盼日子越过越红火。

崇德门楼始建于清道光年间，清同治六年（1867）重修。青砖青石脚，石块叠砌1.4米高。砖墙搁檩十一檩单间二层楼房建筑，人字形封火山墙，四角飞檐。门额挂“文蔚清奇”匾，两侧有对联“文蔚振家声种植文武及第，清奇继于后缔练创业人才”。史志记载，清光绪二十四年（1898），连州发生一场瘟疫，凡感染者“朝发夕毙”。该村名医陈廷佐妙术仁心，施治病患，赢得良好口碑，州府为其所住之地赐名“崇德坊”。

陈良医庐窗口上方灰塑（石振明　摄）

冲口村人杰地灵。兄弟双进士、名医陈廷佐、名儒陈松年的故事历久弥新。草根医生陈良，也有妙术，救治了很多病患。他的医庐，青砖黛瓦，四角飞檐，檐下、窗棂、门楣有水墨绘画，灰塑。花卉、鸟虫、瑞兽图案将古朴的砖墙点缀得端庄而雅致。

（供稿：石振明、李延、成晓君；复核：林玉莲）

连州市西岸镇

东　村

名片

- 广东省古村落
- 九企十八栋
- 门楼
- 古井
- 东村之恋生态旅游景区
- 广东省文化和旅游特色村

东村村貌（邱劲松　摄）

东村，位于西岸镇东面，距连州市政府19千米。始建于北宋淳化年间，世居黄、胡、唐3姓村民，已有1000多年历史。东村于2016年10月被评定为第五批广东省古村落，2021年被评定为广东省文化和旅游特色村。

该村古建筑群的布局呈“五龙赐水”。四周的5座山脉山势蜿蜒而下，环绕一座葱绿的山墩，先祖称其为“龙珠”，整体似五龙戏珠之势。村庄9条石板巷道以“龙珠”为中心，组成“八卦图”。

紫气东来门楼（石振明　摄）

东村地处连州通往湘西和桂东的要道——茶盐古驿道边，历史上匪患猖獗，村民深受匪患滋扰。清嘉庆三年（1798）前后，村民凿青石，修筑了长800余米、高7米的城墙，并整治村内外大小巷道和水沟水渠，把新建的新东门、北门、西门（新门楼）和迎禧门连接起来，并在城围上建5座炮楼。自此，东村成为城堡式大村落。

村中现存20座广府民居、8座完整的门楼、3座祠堂。晋昌世第、紫气东来、熏风南来、晋昌毓秀、西门门楼均被列为市级不可移动文物。

紫气东来门楼始建于清道光年间，清光绪七年（1881）重修。坐西向东，砖墙搁檩式梁架单间二层建筑，硬山顶，人字形封火山墙，四角飞檐，挑檐彩绘花卉图案。拱券形门额镶阴刻“紫气东来”石匾，檐下饰凤眼窗，门楼内镶清光绪七年（1881）“重修东门”碑。

青石板巷道（石振明　摄）

村中有9条石板巷道、18个巷口。先祖在巷口转角处横放石条，称其为“石企”；墙角竖立石条，称其为“石栋”。整座村庄设“九企十八栋”，犹如一座迷宫。若不熟悉“企”“栋”指代的方向，进入村庄巷道内就会绕不出来。

村内有2口古井，井口宽4米，水源充沛，水流清澈。顺着主井的水流，筑一方形井储水，两道石桥将其分隔成三格小井，第一格供淘米洗菜，第二格供洗衣裳，第三格供清洗杂物及农具。井水终年不涸。

六角井（邱劲松　摄）

农历六月初六“射水节”为东村的传统节日，该节日由浴佛节演变而来。节日当天，村民搭戏台、设祭坛、请道士、选神首，并请戏班、八音队演出。家家户户大扫除、挂桃符，盛邀四方宾朋。

“东村之恋”生态旅游景区内有绕古村小火车、复古蒸汽大火车、丛林穿越探险、儿童蹦蹦云、丛林魔网等具有乡村旅游特色的游乐项目。2022年6月，该景区被评定为国家AAA级旅游景区。

（供稿：李延、石振明、成晓君；复核：林玉莲）

东村拓展介绍

连州市西岸镇

石兰寨村

名片

- 中国传统村落
- 岳家军营垒
- 门楼

石兰寨村村貌（成晓君　摄）

石兰寨村，位于西岸镇北部，距镇政府1千米。始建于明嘉靖年间，已有约500年历史。曾名竹围寨，后人从岳家军营垒的石墙与山上盛放的兰花得到灵感，各取一字冠名，称石兰寨。南宋绍兴初年，岳家军追叛贼曹成余部，曾在村中寨傍岭安营扎寨，歼灭叛贼。此后，寨傍岭易名“岳荣岭”。2014年11月，石兰寨被评定为第三批中国传统村落。

村中现存5座门楼，黄氏兰蕙里、杜氏兰桂里为代表。民居沿岳荣岭西边岭脚建造，为明清时期建筑，以大门、厅堂、厢房为基本主体；也有部分具有代表性的古宅，一般由大门、前厅、中门、天井、厅堂和厢房组成。现存30座广府民居，其中湘军将士黄国俊故居保存完好。

兰蕙里门楼始建于清康熙五十一年（1712），为砖墙搁檩架构单间二层楼建筑。门楼以青石为基，青砖筑墙，人字形封火山墙，四角飞檐，挑檐灰塑瑞兽。门额镶阴刻“积元首著”“兰蕙里”石匾，上悬挂“旨赏顶戴蓝翎”木匾，上款为“咸丰九年奉”，落款为“六品即补把总黄国俊恭承”；门楼内镶清光绪十八年（1892）立的“重修兰蕙里老门楼记”石碑。

兰桂里门楼，建筑架构与兰蕙里门楼相近，清嘉庆二十年（1815）为村中首位考取进士而建。门额阴刻“兰桂里”，上方悬挂清嘉庆二十年的“进士”木匾，上款

兰蕙里门楼（刘佳荣　摄）

兰桂里门楼（刘佳荣　摄）

为“大总裁礼部尚书治河方界正总裁加三级戴均元为、大总裁日讲起居注官太子太保大学士合理工部户部事物曾振□”，下款为“嘉庆丁丑科会试中第二百二十名进士杜堃立”，门联书“家声自昔传京兆，世德于今著石兰”，楼内嵌清光绪年间重修门楼碑记。

石兰门楼门额阴刻“石兰”二字，上悬挂清光绪年间“旨恩进士”木匾额，檐下另有一清乾隆年间木匾额书“岁”。

岳家军营垒位于村庄后山。《宋史·岳飞传》记载，南宋绍兴二年（1132）岳飞在此征剿拥兵造反的曹成部队，故营垒为当时所建。当年构筑的城墙、营寨遗址仍在。三道石垒的寨墙依山势起伏，寨墙有箭垛和掩体。山上原有刻有“大宋绍兴二年夏四月岳飞大元帅由桂岭移扎岳荣岭”的摩崖石刻。山间岩石刻有湘军战将黄国俊寄怀诗：“众志成城岳荣岭，内外成城屯兵营。岳飞南下征盗贼，保家为民享太平”，落款为咸丰四年（1854）。

岳荣岭下岳飞雕塑（石振明　摄）

《清史稿》记载：清咸丰九年至十一年（1859—1861），太平天国军队占据连州达三年之久。为围剿太平军，曾国藩派手下将领张运兰到连州，与太平军展开激战。石兰寨黄国俊加入湘军，跟随张运兰征战，后因为战绩彪炳，获得旨赏顶戴蓝翎赏赐，提升六品御即补把总。晚年，黄国俊隐居石兰寨，热心公益，修葺岳家军营垒，勒碑记事，激励后贤。他扶危济困，睦亲和邻，主持公道，后世视其为楷模。

（供稿：成晓君、石振明；复核：林玉莲）

连州市西岸镇

韶陂村

名片

- 太守邓鲁
- 壁画
- 司徒故里门楼

韶陂村村貌（骆志刚 摄）

韶陂村，位于西岸镇中部，距镇政府约2.5千米。南朝连州太守邓鲁父邓思露（391—425）立寨，已有1600余年历史。村中冯氏宗祠、司徒故里保存完好的壁画绘有邓鲁筑连州城传说和倡导族群和合的内容。壁画历经百载，依然线条清晰，色彩明丽。

韶陂古村有司徒故里、仁厚里、司徒古里3座门楼，以及始建于清同治三年（1864）的宪章冯公祠。每座门楼的对联有其特定的内容：司徒故里“太守遗风，仙人事业”，仁厚里“厚德如山太守遗风，仁义仰仙先人事业”，司徒古里“韶乐声和鸣盛世，陂塘水满庆丰年”。

司徒故里碑刻（石振明　摄）

司徒故里门楼坐西北向东南，为砖墙搁檩架构单间二层建筑，人字形封火山墙，四角飞檐，挑檐灰塑瑞兽。门呈圆拱形，上嵌“司徒故里”石匾。檐下有彩绘故事“三母和合”，饰以花草、喜鹊、松柏、云彩、山水图案，素朴淡雅。门楼内有碑刻：“兹如吾乡之珠门，创自太守，遐稽当日德载鸿图，功昭宋代，服司徒之组绶，抱职还乡，故名之曰‘司徒故里’”，记录了门楼的历史。

韶陂司徒故里门楼（石振明　摄）

冯氏宗祠，为纪念先祖冯宪章而建，称宪章冯公祠。冯氏族谱记载：先祖曾任直隶州儒学掌教，他兢兢业业，连续获嘉奖，并被选为乡饮耆宾。宗祠为青砖砌筑，硬山顶，二进一井两廊，四角飞檐，墀头的彩绘和狮子灰塑颜色明丽，线条细腻。祠堂屋檐一排彩绘“群仙献寿”“远上寒山”“白云人家”“圯上受封”等人物故事画，祠堂屏门

“三母和合”壁画（石振明　摄）

冯屋巷（石振明　摄）

宪章冯公祠（魏文石　摄）

“指石为羊”壁画（成晓君　摄）

有数幅彩绘山水画。壁画历经数百年尚清晰如新。

冯氏宗祠中的壁画“指石为羊”是一幅古代神话故事画，画中人物衣袂飘飘，神态自若，地上一群山羊奔跑跳跃，对面的来人手指羊群，有羊受惊吓转头而去。据村中老人讲述，这幅画表现的是邓太守指石为羊的传说。

太守邓鲁（420—486），字约子，桂阳韶陂（今连州西岸韶陂）里人。南北朝时期人，南朝宋泰始初年（465）举秀才，为桂阳县（今连州）小吏。是年，国家书馆遭遇火灾，书籍卷册尽毁，朝廷下令向各州郡征集民间藏书。宋安郡派邓鲁将桂阳境内征集到的书籍卷册递交给朝廷。邓鲁献书籍卷册有功，南朝宋泰始六年（470），宋安郡太守缺员，宋帝下诏让邓鲁接任宋安郡（治所在今连州西北）太守。

邓鲁在任太守期间，筑造桂阳（今连州）城垣，开凿池濠，建桥梁，修里道，治理有方，未曾增加民众负担。朝廷嘉奖其功绩，赠授司徒丞相一职。村民感念太守赐予家园，尊邓鲁为精神寨主。每年正月二十，为纪念祖先邓鲁，村中连续三天开展“酬神”活动，游神庆贺。

（供稿：成晓君、石振明；复核：林玉莲）

连州市保安镇

卿罡村

名片

- 中国传统村落
- 龙泉古井
- 广东省古村落
- 接龙通济街
- 门楼

卿罡村村貌（张仁敏　摄）

卿罡村，位于保安镇西南部，距镇政府约6千米。始建于宋末元初，亦有文字记载为明永乐年间立寨。村庄的4座门楼与西面3座山冈组成“北斗七星”布局。村西3座山冈对应北斗星座的天罡星，村中智者期盼后代子孙为卿为官，故借谐音将原村名“青冈”改为“卿罡”。卿罡村于2008年9月被评定为第一批广东省古村落，2014年11月被评定为第三批中国传统村落。

卿罡村有传统民居120多栋，现存门楼5座（南门、东门、西门、北门、接龙门）、祠堂4座、龙泉井1口、惜字塔1座。村中古民居建在“斗勺”方位，东门“紫气”、南门“薰风”、西门“挹爽”和北门“天枢”对应北斗“天枢”“天璇”“天玑”“天权”四星的位置。清咸丰九年（1859），广东省连州直隶州知州周振璘为门

卿罡村南门（张仁敏　摄）

楼题写“天枢”“紫气”“薰风”等门额。

卿罡村是粤北现存碑刻最多的村庄之一，有明清和民国时期石刻数十通、炮楼2座、县级不可移动文物12处以及县级文物保护单位2处。在镇龙和仁寿，各有1座唐氏宗祠。在西巷和中桂，又各有1座黄氏宗祠。镇龙唐氏宗祠建筑面积436平方米。4座宗祠均保存完好。

仁寿唐氏宗祠（保安镇政府供图）

仁寿唐氏宗祠始建于清乾隆年间，建筑面积333平方米。坐西向东，三间三进二井带两廊布局。硬山顶，正脊板瓦叠置，绿琉璃瓦当滴水剪边。头门面阔三间，进深十一檩，前设三步廊，以柁墩、斗拱承托前廊梁架，封檐板中间有篆体卷书“金马世第”，石前檐柱，素面石门墩、木门枕；门额上有木雕八卦图案门簪，门楣悬挂“唐氏宗祠”木匾。第二进屏门上悬挂“岁进士”木匾，为清道光二十年（1840）立。

村中龙泉古井始建于宋代，分别于清乾隆年间、清道光年间重修。该井分上、下井，井壁、井沿均用青石条砌成。上井为边长2米的八边形井面。水井中央有方形石柱，石柱四周精雕龙鱼戏水和鲤鱼跳龙门图案。石柱顶置一条鳌鱼，龙首鱼身，寓意“鱼跃龙门，过而为龙”。下井为梯形井面，井台以青石铺地。龙泉井北面镶有清乾隆二十年（1755）的“重建龙泉井记”碑和清道光七年（1827）的“重建龙泉井记”碑。其中一石碑刻有清代楚南宜邑解元彭运修撰的《卿冈遗记》，记录了彭运修为古村开创“八景”之始末，并录入卿罡八景之“龙泉喷珠”：“凿成方鉴号龙泉，水喷如珠戏沸

龙泉古井（张仁敏　摄）

聚礼亭（张仁敏　摄）

莲。不事探骁浮瀚海，何劳剖蚌觅长川。层渊垒垒宜绳贯，叠浪重重倩蚁穿。幸遇明主怜井渫，从兹受福乐尧天。”

接龙通济街始建于明代，是连州中部古道上重要的一段，其仁里门保存有明代“接龙通济街记”碑。接龙通济街南端的镇龙凉亭和仁寿村聚礼亭，均为古道中的重要路亭，建筑风格相同，木柱瓦顶，不设侧墙，架木条或青石供过客小坐歇息。

该村传统民居纵横交错，建筑平面为一字形，开三间或四间，高二、三层，砖木结构，硬山顶，人字封火山墙，正脊板瓦叠置。其中，黄流福宅建于清嘉庆年间，建筑面积129平方米。正厅的木质神龛共有五层，雕刻双龙戏珠、双凤、花卉、八宝、瑞兽图案和卷书“江夏郡”。

传统民居神龛（张仁敏　摄）

（供稿：袁铭鸿、石振明；复核：林玉莲）

连州市东陂镇

前江铺村

名片

- 茶盐古道
- 石拱桥
- 商埠古村
- 明清时期民居
- 解放战争游击根据地村

前江铺村村貌（丘贵星　摄）

前江铺村，位于东陂镇东部，距镇政府5千米。始建于明朝，明洪武二十一年（1388），邱姓始祖（河南郡法广公）为避战乱，从福建入赣南辗转至前江一带。清顺治元年（1644），邱姓先祖择地前江铺河边，开铺设店，逐渐繁衍成村。现村庄常住邱、黄、罗、钟、陈、梁、胡、曾等姓村民。

传统民居为广府民居，有门楼2座、祠堂1座、古桥2座、古井2个、古民居60间。代表性建筑有邱氏老屋、邱氏宗祠、碉楼、石拱桥。

门楼为青砖建筑，始建于清代。坐北向南，为砖墙搁檩架构单间三层楼建筑，面阔2.96米，进深5.99米，占地面积18平方米。硬山顶，上为阴阳板瓦，四角飞檐，人字封火山墙。门呈券拱形，开东、南、西门；二层的门额上左右设圆形气窗；三层上设三个券拱气窗，檐下饰单步卷顶，彩绘花鸟墀头。门楼前有铺青石的地坪和小溪。

门楼（邱劲松　摄）

邱氏宗祠，建于清代，占地面积130平方米，保存完好，今仍在使用。邱氏老屋，建于清代，占地面积120平方米，外观保存完好。村旁有碉楼1座，高约10米，共3层，外墙设有枪眼和瞭望窗。

传统民居（邱劲松　摄）

村外有2座石桥，分别是石拱桥和平板桥。石拱桥始建于明代，东西走向；桥身长7米，宽

石拱桥（潘贤强　摄）

青石板巷道（邱劲松　摄）

4米，高3米，由数百块青石以横联式砌筑，两端各设有台阶，桥身上的锁心石刻有捐款建桥的芳名录。过石拱桥，可以通往东陂镇大江古道。平板桥用厚石板架设，方便村民日常生活和耕作。

前江铺村是粤湘茶盐古道的商埠，驿道边是一条小河，河水清澈，河两岸的古宅清一色青砖砌筑，正脊瓦叠置，封檐板雕有精美图案。巷道铺青石板，驿道边民居正面开三扇木门板，以便交易。

前江铺村注重农事仪式，过农历“二月二”节日。节日当天，村民祭土地神，祈求风调雨顺、五谷丰登。外嫁女“回门”，与父母和兄弟姐妹团聚；食社饭，做糍粑；剃龙头，聚财气。村中举办舞龙、舞狮、唱采茶、唱春牛、唱客家山歌等民俗活动。

村庄依山环水，自然环境宜居。寒冬季节，村民利用自然风风干腊味。腊味品种丰富，有腊肠、腊腩肉、腊猪脚、腊狗、腊鸭、腊鸡。腊香浓郁、香嫩爽口、回味悠长。

1948年正月，邱士惠等18位村民加入中国共产党领导的连县东陂抗征自救队，1949年6月该队被编入中国人民解放军粤湘桂边纵队连江支队七团，为中华人民共和国的成立、连阳的解放贡献了力量。1993年4月，广东省人民政府批准该村为“解放战争游击根据地村”。

唱春牛（邱劲松　摄）

（供稿：邱劲松、石振明；复核：林玉莲）

连州市东陂镇

塘头坪村

名片

- 广东省古村落
- 龙泉井
- 黄尚书祠
- 广东省立文理学院附中办学旧址

塘头坪村村貌（陈力强 摄）

塘头坪村，位于东陂镇北部，距镇政府约3千米。公元907年，塘头坪村祖先黄损后代从连州高良（今连南县境内）迁至此地立寨，称龙城坊。明洪武十一年（1378）改名桂香里。明嘉靖十七年（1538），先后筑桂香里门楼、黄尚书祠和3座炮楼、围墙，开东、西、南、北4座城门，防御乱世兵匪滋扰。1978年，易名塘头坪。现存古民居110多栋。2016年10月，塘头坪村被评定为第五批广东省古村落。

桂香里门楼（黄振能　摄）

桂香里门楼以黄损的著作《桂香集》命名。该门楼位于塘头坪村南面，始建于清乾隆十二年（1747），为砖墙搁檩架构单间二层楼建筑。硬山顶，四角飞檐，人字封火山墙。门呈圆拱形，门额上镶石匾，阴刻“桂香里”三个大字，上款“乾隆十二年丁卯”。檐下饰单步卷顶和左右圆窗，彩绘花鸟墀头，石砌台阶；楼内置木桥凳，楼道上铺鹅卵石。门楼东、西端接庑殿顶挡风墙，地坪铺青石，占地面积31平方米，前面有水塘。

黄尚书祠，始建于清嘉庆年间，为纪念先祖黄损而建，曾用名桂香书院。该祠为三进二井带两廊建筑，青砖砌筑，悬山顶。祠门口设一对石雕瑞兽，祥云须弥座素面石鼓，木门枕。门额有雕花户对，门楣悬“黄尚书祠”木匾，左右挂“尚德贻世代，

黄尚书祠（魏文石　摄）

书香振家声”对联。黄损，字益之，连州高良人（今连南县境内），后梁龙德二年（922）登进士第，累官尚书仆射；著有《桂香集》。

嘉逸福庐（黄振勇　摄）

1939年底，广东省文理学院附中迁校于该村，在此办学期间，租赁了黄尚书祠、4座炮楼、民宅嘉逸福庐作为校舍。后该校搬到江夏村。

清同治年间，康有为祖父康赞修出任连州训导之职，在东陂西溪书院讲学，宿东陂，他特别喜欢到塘头坪的金龟井取井水泡茶。其时，11岁的康有为因父亲早逝，跟随祖父在东陂生活，亦曾亲自到此井取水。后人将此井改称为龙泉井。井旁立有“龙泉井序”碑，序文篆刻于1930年。

龙泉井（黄振勇　摄）

（供稿：李敏红、石振明；复核：林玉莲）

连州市东陂镇

白家城村

名片

- 中国传统村落
- 李氏宗祠
- 广东省古村落
- 炮楼
- 福荫陇西门楼

白家城村村貌（东陂镇政府供图）

白家城村，位于东陂镇东北部，距镇政府约5千米。奠基始祖遵循“白手起家，清白传家”的古训，建石墙，造城堡，称白家城村。白家城村世居李、黎2姓村民，黎姓于明永乐十四年（1416）迁至此地定居；明成化三年（1467），李氏始祖从阳山县水井乡大咸岗村迁入此地。白家城村于2011年11月被评定为广东省宜居示范村，2012年3月被评定为第三批广东省古村落，2014年11月被评定为第三批中国传统村落。

传统民居为广府民居，现存10座。村中的太学第建于清光绪二年（1876），占地面积200平方米，现保存完好，无人居住。

福荫陇西门楼，始建于明成化三年（1467），清道光十七年（1837）重修。门楼

福荫陇西门楼（邱劲松　摄）

坐东南向西北，为砖墙搁檩架构单间二层楼建筑，通面阔三间10.07米，进深8.63米，占地面积 87平方米。硬山顶，上为阴阳板瓦顶，以板瓦叠砌正脊；四角飞檐。门楼青砖青石脚砌筑，基础用大块青石砌筑，石角柱雕有八大法宝图案，石砌台阶，素面石门枕，楼道以青石板铺就，两侧设石桥凳；门呈券顶形，门额上镶两块石匾，分别阴刻“福荫陇西”和“白家城”，无上下款；檐下彩绘花鸟、人物、诗词，设左、右圆窗。门楼东、西端接挡风墙；前面有半圆形地坪，用青石铺就；前有半月形水塘。该门楼彩绘、木雕图案精美，具有一定的艺术价值。

李氏宗祠，始建于清乾隆四十年（1775），清道光十七年（1837）重修，占地面

李氏宗祠（邱劲松　摄）

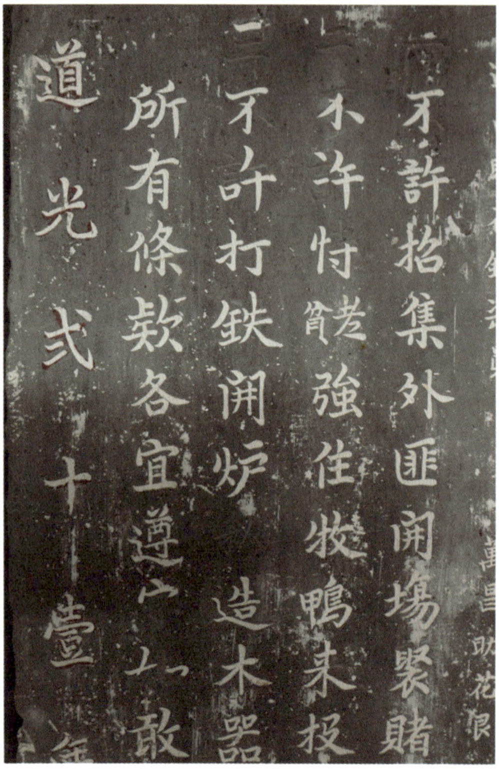

祠堂碑刻的祖训（东陂镇政府供图）

炮楼（卢俊峰　摄）

积384平方米。祠堂内存有记录村庄历史的碑刻“创建宗祠总碑”“重建祖堂”“重修宗祠并门楼碑记”3通，有楹联“书香传一脉，祠飨报千秋”和“白立言纲立功丹青驰誉，家培俊城培杰兄弟留芳”。

白家城炮楼，始建于清同治三年（1864），砖木结构，高三层，内设木楼梯供上下楼，每层设垛口、瞭望口。该炮楼为防御匪患而建。

村落后山现存狮子寨城墙遗址，与宽约2米的石板古道连接，距村庄约200米，用巨石砌筑，现还有长约30米的墙体残存，修建年代无法考证。狮子寨旁边有一条石板古道，连通到大口岩。

（供稿：李敏红、石振明；复核：林玉莲）

连州市丰阳镇

朱岗村

名片

- 广东省古村落
- 炮楼
- 门楼

朱岗村村貌（丰阳镇政府供图）

朱岗村，位于丰阳镇西南面，距镇政府3.5千米。村庄始建于宋初，开基始祖吴福在连州任职而迁居此地。村旁有一座朱陵山，山岗有红银珠，故名朱岗村。大江水河流经村东，从北向南流去。村庄位于粤（连州）湘（湖南蓝山、嘉禾）古驿道旁，地势险要。明朝开国皇帝朱元璋将此地定作军事要塞，设立巡检司，驻扎马步兵镇守。清末，称朱冈堡。当时朱岗巡检司有护城河，故又称朱岗围。2016年10月，朱岗村被评定为第三批广东省古村落。

朱岗村有门楼2座，其中大东门楼始建于清代，清光绪六年（1880）曾进行维修。门楼坐东向西，为抬梁架构十一檩单间二层楼建筑。硬山顶，上为阴阳板瓦面，以板瓦叠砌正脊，中央饰宝瓶，人字形封火山墙，四角飞檐，挑檐灰塑瑞兽，檐下墀头彩绘花鸟图案，素胎滴水剪边。青砖青山脚，石块叠砌1米高。门额上镶“紫气东来”石

朱岗村门楼（丰阳镇政府供图）

匾，半圆形地板铺满鹅卵石。门楼内有立于1987年的“朱岗历史沿革”碑。

现存广府民居25座，多为砖墙或灰砂墙体，盖青灰瓦，三间二进布局，中间为天井，后为堂屋，两侧各有三间厢房。有的古屋屋檐上木雕精致，并绘有花鸟鱼虫和飞禽走兽图案。朱岗古堡外有一条长约1千米、宽约2米的街道，路面铺砌鹅卵石，并用鹅卵石铺成线形、花朵形、旋转形等图案，两旁店铺林立，有“五行街”之称，现已废弃。

朱岗村炮楼建于清末，有三层，高12米，正面阔15米，进深10米，每层均设有枪眼，是该村的防卫建筑。村周边有护城河。村内现仍存城围遗迹和古桥桥拱，桥面已重修。清咸丰年间，连州城曾一度被匪人攻破。连州知州逃到朱岗堡，朱岗堡的营兵

朱岗村民居（丰阳镇政府供图）

和堡内团练兵出击，帮助知州击败贼人，收复连州城。

吴氏宗祠，始建于清代，占地面积300平方米。三厅二井，保存较完好，现仍在使用。朱岗白庙，始建于清代，2014年重建，供奉玉帝。

村中现存《吴氏族谱》，由吴思效等人于2002年重新纂修，里面有完整的吴氏家规和世系记录。

祭丁节，每年分春、秋二祭。春祭清明，秋祭上丁日（即农历八月第一个丁日）。是日，众族供奉先祖后，每户都热情接待亲戚朋友。

北门城围遗迹（丰阳镇政府供图）

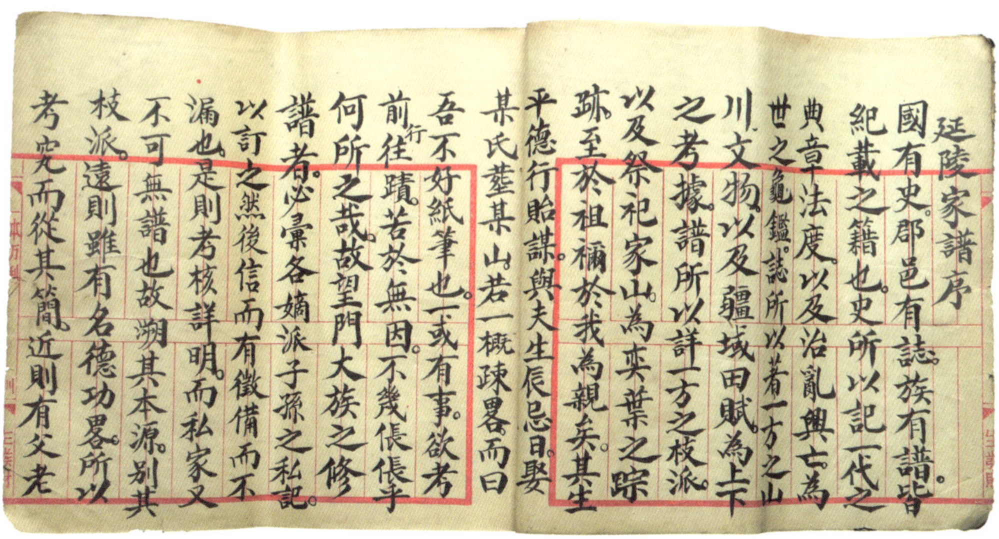

延陵家譜序

國有史郡邑有誌族有譜皆紀載之籍也史所以記一代之典章法度以及治亂興亡為世之龜鑑誌所以著一方之山川文物以及疆域田賦為上下之考據譜所以詳一方之枝派以及祭祀家山為奕葉之綜跡至於祖禰於我為親矣其生平德行貽謀與夫生辰忌日娶某氏葬某山若一概疎畧而曰吾不好紙筆也一或有事欲考前行往蹟若於無因不幾倀倀乎何所之哉故望門大族之修譜者必彙各嫡派子孫之私記以訂之然後信而有徵備而不漏也是則考核詳明而私家又不可無譜也故溯其本源别其枝派遠則雖有名德功畧所以考究而從其簡近則有父老

《吴氏族谱》序（张仁敏　摄）

（供稿：郭兰莹、石振明；复核：林玉莲）

连州市丰阳镇

丰阳村

名片

- 中国传统村落
- 丰溪古庙
- 门楼
- 祁剧
- 大祠堂
- 通商古道

丰阳村村貌（丰阳镇政府供图）

丰阳村，位于丰阳镇中部，为丰阳镇政府所在地。国道G537线从村西南面经过，北通湖南蓝山。五代时期，吴姓先祖吴敬元受南唐后主李煜的派遣向南进发，意图在南方开拓一方疆土作为政权危急时的退路，但不到两年，南唐即被宋军所灭，北宋建立，吴敬元于是就地解甲隐居，始立丰阳村。丰阳村原名“凤阳”，因村建于凤山之南而得名。明代，因避讳明太祖朱元璋的家乡“凤阳”，而把村名改写作“丰阳”。字面虽改，但当地人至今仍保持着“凤阳”的读音。2016年12月，该村被评定为第四批中国传统村落。

村中存有县（市）级文物保护单位、不可移动文物以及历史建筑20多处。

丰阳古村的4座门楼分布在东、南、西、北四个方位。南门楼是全村的大门，重檐飞翘、气势恢宏，门楣石匾上“南极生辉”四个大字流畅潇洒。门楼前是用青石砖条

南极生辉门楼（丰阳镇政府供图）

砌成、高约1.5米的半圆形台阶。台阶前是一块10多平方米的地坪。地坪用光滑的鹅卵石铺成精致的花纹图案，中央嵌“钱”字符图案。北门楼建筑结构与南门楼相仿，南门楼供奉南海观音，北门楼供奉北帝圣君。

村中现存吴氏宗祠、学忠公祠（大一公祠堂）、胜球公祠。吴氏宗祠是丰阳吴氏的众祠，称为“大祠堂”。祠堂坐北向南，面阔10多米，占地面积500平方米，一进两厅，两厅之间有一个大天井，天井两旁有回廊。祠堂大门对联用始祖“敬元”二字嵌顶：“敬祖崇宗传万代，元兴枝盛接千秋”。祠堂前厅有对联“周代东封苏西无锡创业吴鼎，唐宋南垂粤北直棣始立丰阳”，概述了先祖迁徙过程。祠堂后厅的前檐木柱上有对联“辅佐南征唐代元戎宋朝御史，慎终追远窦家桂子谢氏兰孙”，记载了先祖显赫的人生经历及后辈对先祖的缅怀、追思。

农历四月十四是吴氏祖诞日，村民举办舞狮、游龙、鸣花炮、浴神、唱祁剧等活动，纪念始祖吴敬元。

丰溪古庙，始建于北宋末年，分别于明代、清代重修，为二进四合院式布局，是典型的抬梁式结构建筑。整座庙宽约15米，进深约20米，前檐伸出2米，由两条方形麻石柱支撑起飞檐。柱的底座是一对互看的小

丰阳河畔鸣花炮（邵桂生　摄）

丰溪古庙（丰阳镇政府供图）

古戏台（丰阳镇政府供图）

狻猊（小狮子）。方柱上雕有一对昂首的“蟠龙”和刻有一副对联。大门门框由3块巨大的青石叠砌而成，顶块雕有图案和“丰溪古庙”字样，侧面的两块刻有对联“庙宇宏开垂万古，英灵远播镇三连”。

古庙前有一棵可荫蔽数百人的千年古榕树，古庙对面建有一座单檐歇山顶的古戏台。这种建筑布局体现了中国民间庙宇建筑的双重作用：拜祭祖先和娱乐集会。该村在盛大的节日里演出祁剧。村中有自己的小剧团，可在较大的节日里登台演出。

古驿道商品街（丰阳镇政府供图）

村庄有2条由鹅卵石铺砌的古道，长约2000米，宽约2.5米，呈南北、东西走向，两旁店铺林立，为湘南与粤北商贸通衢。现存绥和街、铺头街、榕坪街三段。

（供稿：郭兰莹、石振明；复核：林玉莲）

丰阳牛肉干介绍

丰阳村拓展介绍

连州市龙坪镇

元璧村

名片

•中国传统村落 •宗祠

•横渠书室

元璧村村貌（罗忠敏　摄）

元璧村，位于龙坪镇西北部，距镇政府8千米，是连州通往湖南临武古驿道必经的一个重要节点村落。始建于宋末，李姓先祖从湖南迁至广东连州星子，后迁至现址。世居村民有李、张2姓，李姓族人均为北宋重臣李廷珙后裔。2014年11月，元璧村被列入第三批中国传统村落名录。

村中现存明清时期古民居33处、门楼3处（薰自南来门楼、镇龙门楼、清白门楼）、祠堂4座（李氏祠堂、李氏三公祠、张氏祠堂、白家祠等）和学堂1处（横渠书室）等。这些历史建筑具有明显的岭南文化特色。

古民居纵横交错，多为一栋三间，高三层，砖木结构；硬山顶，龙船脊，四角飞檐，檐下饰木雕鳌鱼雀替；木门框，门额设一对木门簪；屋内三开间一厅二厢房，厅后设以板枨隔断的背房，内有木梯可上二楼，三门朝厅。

横渠书室，原是村中私塾，始建于清代，砖木结构，占地面积250平方米。书室有大门、中门、天井、厢房和上厅。门楣上灰塑“横渠书室”，房檐上彩绘书卷图案和历史故事。大门前地坪立旗杆石1对，见证李氏家族重视文化教育的传统。

横渠书室（张仁敏　摄）

李氏祠堂，始建于明代，清代重修，占地面积270平方米。祠堂正厅内悬木质“刑部尚书”匾。祠堂门前以围墙圈出100平方米的地坪。地坪上立青石旗杆座，镌刻“大宋刑部尚书李廷珙”字样。祠堂前左右墙角镶嵌1.3米高的石件，石件雕刻历史人物故事图案。宗祠以青石砌筑基础，大门前有六级石阶。祠内两进，中开天井，东、西为厢房。

李氏祠堂（龙坪镇政府供图）

村中炮楼始建于清末，民国时期重修。炮楼共四层，高10多米，灰砂夯土墙，转角和枪眼以石件砌成，厚重稳固。小窗建有雨檐。北边村外另有炮楼一座。两座炮楼现保存完好。

彩虹桥，是古道上一座重要的桥梁，始建于清乾隆二十一年

彩虹桥与桥碑（张仁敏　摄）

（1756），清乾隆四十五年（1780）重建成现存的石桥。单拱，全长5.7米，高4米，由数百件石块砌成。桥东岸有一座碑塔，碑身三面刻有文字，记载了重建彩虹桥的经过及观音庙、雷公祠的情况，具有一定的文史研究价值。

李钦成宅，始建于清嘉庆年间，由围墙、巷道、民居组成。围墙门口坐东南向西北，檐下彩绘花卉图案，墙上设灰塑博古架。巷道长12米，宽2.7米，青石板铺地。民居坐东南向西北，二进一井带两廊；通面阔三间12.2米，通进深22.1米，占地面积269.62平方米。硬山顶，人字封火山墙；正脊板瓦叠置，二檩卷棚顶，檐下彩绘花卉图案并题诗。房屋方窗上设窗楣，头门内设屏门。第二进为上厅，面阔三间，前带天井及两廊，两廊穿斗式，木雕喜雀出头；轩廊三檩卷棚顶，木雕牡丹等花卉。厅内金柱设木櫍，鼓形石柱础。厅上方设神龛，神龛木雕精美图案；左右为厢房，内有木梯通向阁楼。该民居目前保存完好，仍有人居住。

李钦成宅（龙坪镇政府供图）

（供稿：龚文豪、石振明；复核：林玉莲）

连州市瑶安瑶族乡

大营村

名片

- 邵屋门楼
- 神牛节
- 文笔塔

大营村村貌（瑶安瑶族乡政府供图）

大营村，位于瑶安瑶族乡南部，距乡政府2千米，总面积1.5平方千米。始建于北宋，最早由何、黄2姓先祖于北宋嘉祐五年（1060）立寨。因居住地有大片竹林，始称竹子寨。清康熙年间，陈姓先祖从江西迁入，被公推为寨主，易名大荣寨；清光绪二年（1876），有军队在此地安营扎寨，改称大营寨；1940年改称大营村。

邵屋门楼（瑶安瑶族乡政府供图）

村中保留有明清风格建筑12座，青砖砌筑，硬山顶，阴阳板瓦，正背板瓦叠置，人字封火山墙；有3座门楼（王屋门楼、李屋门楼、邵屋门楼）和3座祠堂（李氏宗祠、谭氏宗祠、刘氏宗祠）。其中邵屋门楼门额嵌“凌风清秀”石匾，门楼两侧挂对联“数千载异姓联居相爱相扶情如一族，亿万年同心扩造大公大德义不二途”。门楼存“合乡条规”石碑1通，内容为合乡严禁偷盗代取物品条规。村文化室内列有村规民约20条。

乡贤谭定忠参与建筑的文笔塔，始建于清道光三十年（1850），坐东南向西北，为六角五层楼阁式砖塔，通高16米。首层圆拱门，门额上镶“迴澜”石匾，以菱角砖和挑檐砖叠涩出檐；一、三、五层檐下彩绘诗文图案，塔身外表各层每面均辟圭形真门2个和假门4个。从真门入塔心室登阶梯，可逐层至顶层；塔刹置宝瓶。与文笔塔同时建造的还有玉王阁、振风亭。玉王阁象征笔架，振风亭顶上的砌砖远看像砚台，文笔塔则像一支笔，亭、阁、塔和平原形成“文房四

文笔塔（迴澜宝塔）（瑶安瑶族乡政府供图）

敬惜字纸亭（瑶安瑶族乡政府供图）

宝”。文笔塔保留了清代砖木结构佛教建筑特色，体现“尊孔崇文”的心愿。2011年7月，文笔塔被公布为连州市文物保护单位。

敬惜字纸亭，位于村西面水田田基间，始建于1913年。坐东南向西北，亭高3.2米，亭身镶“鼎建字纸亭碑”石碑。该亭已被评定为连州市一般不可移动文物。

每年农历七月十八神牛节，是村民纪念土主公诞辰的日子。当天，村民祭祀先祖，传承孝道，大宴亲朋，十分喜庆。村中文娱活动丰富，跳瑶族高台长鼓舞、竹杆舞、广场舞，放烟花，唱祁剧……用真情真心传达大营村民众“数千载异姓联居相爱相扶情如一族，亿万年同心扩造大公大德义不二途”的聚居理念。

神牛节现场（瑶安瑶族乡政府供图）

（供稿人：陈昊、石振明；复核：林玉莲）

连州市三水瑶族乡

挂榜村

名片

- 广东最美丽乡村示范点
- 少数民族特色村寨
- 传统民居
- 第二次国内革命战争时期的红色根据地
- 瑶族布袋木狮舞

挂榜村村貌（三水瑶族乡政府供图）

挂榜村，位于三水瑶族乡北部，距乡政府约2千米。始建于明代，是瑶汉聚居的村寨。瑶族赵姓先祖由湖南江华迁至蓝山，后由蓝山迁至广东连州三水，择此地定居，形成村庄。皇帝的通关文牒《过山榜》在此地悬挂，故取名挂榜村。2006年，挂榜村被评选为“广东最美丽乡村示范点（人文历史类）”。2021年，挂榜村成功创建清远市美丽乡村生态村。

东门楼（三水瑶族乡政府供图）

挂榜村历史文化悠久，村中现存的东门楼始建于清嘉庆年间，清光绪二十八年（1902）重建。门楼坐西北向东南，面阔4米，进深4.5米，建筑占地面积18平方米，为砖墙架檩架构单间九架二层建筑。硬山顶，人字封火山墙；正脊为板瓦叠置，四角飞檐，挑檐灰塑瑞兽。圆拱门，门额上镶“东门”石匾，左右设圆窗。

村民以瑶族为主，有程、高、赵、盘、李等姓。村中有传统民居50栋。传统建筑为泥砖砌筑，硬山顶，上为阴阳板瓦面，正脊板瓦叠置，直棂窗；房屋多为砖、瓦、木构筑的平房；巷道铺设鹅卵石。

粤湘古驿道从该村的南门经过，全长约1.6千米。解放战争时期，肖怀义领导下的

挂榜村民居（三水瑶族乡政府供图）

游击队在该地开展游击战，该村的程长发为游击队送粮送物，为革命事业做出贡献。1990年4月，挂榜村被广东省人民政府批准补划为“第二次国内革命战争时期的红色根据地”。

挂榜村瑶寨乡土气息浓厚，瑶民能歌善舞，至今仍保留石舂、鸟铳、葫芦瓢等物件及全国罕见（广东仅有）的木狮舞、古风犹存的挂榜歌堂、独特的小长鼓舞等。冬天有腌制火烟肉、炸油糍的习俗。村中的瑶族布袋木狮舞被称为“连州瑶族历史的活化石”，是广东省乃至全国独一无二的道具舞蹈，2009年6月入选广东省第三批非物质文化遗产。2021年5月，瑶族布袋木狮舞被列入国家级非物质文化遗产代表性拓展项目名录。

瑶族布袋木狮舞（三水瑶族乡政府供图）

（供稿：成宇、石振明；复核：林玉莲）

佛冈

历史文化村

佛冈县高岗镇

社冈下村

名片

- 中国传统村落
- 豆腐节
- 广东省传统村落
- 上灯

社冈下村村貌（佛冈县史志办供图）

社冈下村，位于高岗镇中部，距镇政府1.5千米。始建于明正德元年（1506）前后，因位于社冈的下面而取名社冈下村。该村以古朴雅致的客家民居和客家民俗而闻名。2012年1月，社冈下村所在的新联村被评为第三批（客家地区）广东省古村落。2012年12月，社冈下村被评定为第一批中国传统村落；2015年被评定为第一批广东省传统村落。

该村现存传统民居15座。房屋分为两层，用木板隔开，留有通道，第一层一般高3米，主要用于居住；第二层堆放粮食、杂物等，方便生活。代表性民居有庆衍九龙和

民居门楼石雕“庆衍九龙”（佛冈县史志办供图）

民居门楼石雕“如是观”（佛冈县史志办供图）

司马第。庆衍九龙，建于清代，占地面积728平方米；坐东向西，砖木结构，悬山顶，盖灰瓦，由民居、如是观和一个门楼组成。如是观为三间二进一井带二廊布局，内有“敦义”“处仁”“集庆堂”，呈秤砣形，花岗岩墙角，石柱、木门；门楼门楣上有“庆衍九龙”四个大字。司马第，建成于清代，占地面积160平方米，由民居、围屋和门楼组成，门楼门楣上有“司马第”三个大字。2012年，社冈下庆衍九龙、司马第均被列入佛冈县不可移动文物名录。

社冈下豆腐节是佛冈县独具特色的民俗，形成于明万历三十七年（1609）。当年正月十三，上年添男丁的家庭到祖祠上灯食斋，其中一人切完豆腐后，见手上粘有一些豆腐，无意中将豆腐甩到身后另一个人的衣服上，后来在祠堂内你来我往打起了豆腐仗。到第二年上灯时，全村添丁数量竟然比上年多出了很多，于是大家普遍认为上一年“掷豆腐”能助添丁兴旺。从此，每年正月十三“上灯掷豆腐”

古民居庆衍九龙围（佛冈县史志办供图）

司马第门楼（佛冈县史志办供图）

成为社冈下村的一个习俗，一代一代传承下来。2007年，社冈下豆腐节被列入广东省非物质文化遗产名录。

村民在上灯时有舞凤的传统习俗，先用竹篾编织成一个个2米高的凤，再贴上纱纸，并画上凤头、眼、颈、身、翅膀、尾巴等。舞凤人钻进凤的肚子，模仿凤做出各种姿势，伴随鼓音翩翩起舞。

社冈下豆腐节——村民互掷豆腐（佛冈县史志办供图）

舞凤队到添丁人家门前接灯（佛冈县史志办供图）

社冈下上灯场景（佛冈县史志办供图）

（供稿：李协湖；复核：曾道明）

社冈下村拓展介绍

佛冈县高岗镇

墩下村

名片

- 墩下司马第
- 君庐
- 三德园

墩下村村貌（佛冈县史志办供图）

墩下村，位于高岗镇北部，距镇政府3千米。始建于明洪武十四年（1381），因建村于几十米高的土墩下而得名。2012年，古民居墩下司马第和近现代重要史迹及代表性建筑三德园、君庐均被列入佛冈县不可移动文物名录。

墩下村古民居多为砖木结构，其房屋建筑采用周通尺度（鲁班尺），厅阔1丈8寸，间阔9尺9寸，多为2门归厅或4门归厅。厅门阔3尺6寸，间门阔2尺7寸。房屋分两层，棚高8尺1寸，门槛高4.5寸，体现崇尚“9”（长久）的建筑理念。房屋一般由兄弟共建，兄弟多者即建成大“口”形或“回”字形，共用一个门楼；兄弟少者则建小“口”形。墩下民居另一特点是坚固，有利于安全防御。房内相通，房外相连，一个

何永崇公祠大门（佛冈县史志办供图）

门楼，便于防贼盗。这些古民居至今已有300～500年历史。

该村建有何永崇公祠和何淮深公祠，均为典型的客家风格祠堂。其中，何永崇公祠坐北向南，为三进二廊二天井格局。总面阔9米，总进深21米，高3.78米。建筑布局完整，属砖木结构，青砖墙，悬山顶，盖灰瓦。头门为木牌匾，门额上的雕花十分精美，莲花形石柱础、纺锤柱和弯形月梁均保存完好。

三德园，1944年修建，坐北向南，总面阔22.8米，总进深25.8米，高5米。土木结构，中西合璧，有欧式罗马柱，为何姓富绅会客和议事的地方。2012年，三德园被列入佛冈县不可移动文物名录。

三德园（佛冈县史志办供图）

君庐，建于1913年，属于典型的客家围屋，“君庐”二字为清代榜眼朱汝珍所书。君庐坐东北向西南，面阔34米，进深27米，高7米。该建筑包括民居、角楼、门楼（3个）和水井。民居为两层，4个角楼高三层。正门外立有大理石牌坊，牌坊上刻有“君庐”“甲子仲夏朱汝珍书”。整栋建筑规模宏大，布局合理，排列整齐。2012年，君庐被列入佛冈县不可移动文物名录。

“司马第”石匾（佛冈县史志办供图）

墩下司马第，建于清道光二十年（1840），为何姓叔侄两代考取清朝国学生功名后所建，是客家围屋的典型代表。坐东北向西南，面阔15.5米，进深10.6米，高8米。土木结构，主楼两层，门楼前石匾刻有“司马第”。2012年，墩下司马第被列入佛冈县不可移动文物名录。

1944年，当地富绅捐资在墩下创办长江中学，墩下村晚清贡生何憩棠、北大毕业生何德初都曾在此教书育人。该中学为黄埔军校、中山大学、香港大学等高等学府输送了一批当地学子，成就多名优秀人才。

（供稿：郭治国；复核：曾道明）

佛冈县迳头镇

土仓下村

名片

- 中国传统村落
- 凤亭郑公祠
- 广东省宜居示范村庄

土仓下村村貌（佛冈县史志办供图）

土仓下村，位于迳头镇西北部，距镇政府1千米。始建于清乾隆二十五年（1760），由时任官拜四品、被封为“奉直大夫”的郑英瑞创建。因村庄位于官府仓库下方而取名土仓下村。该村于2014年3月被评为广东省宜居示范村庄，2016年12月被评定为第四批中国传统村落。

村落按照客家围屋的风格兴建，坐西北向东南，为“回”字形四点金布局，面阔80米，进深95米，占地面积7600平方米。现存19间房和头门，四个角均设有防御性角楼。前面两个角楼为平脊瓦屋，后面角楼为硬山顶，博古脊上安放猫头狮子雕塑。四周为民居，房屋建筑均为三间二廊一照壁布局，屋高二层，砖木结构，墙体用灰、沙、黄糖、糯米粉、卵石夯筑，花岗岩窗框。村内的大街小巷用磨制的石板铺砌，所用大小石块有2000多块。村中巷道内下水道设施使用至今已有200多年，仍有良好的排水作用。村内左右小门安放两张石舂碓，现仍可以舂米粉。围屋内建筑采用中轴线对称分布，广三路三进，中路为祠堂，左右二路为民居，具有明显的岭南客家围屋特点。村正门高大雄伟，门楼为博古脊，悬山顶，精制花岗岩门框，由4条高5米、下方上圆的石柱支撑，浮雕石横梁上刻有精致的梅花鹿、荷叶、狮子等，石门框、石地板无缝镶嵌，工艺精湛。两扇大门板高达3米，镶嵌鼓钉、铁板，十分坚固。正门上方悬挂有“大夫第”牌匾。

土仓下村古巷（佛冈县史志办供图）

凤亭郑公祠，位于围屋中央，由郑英瑞始建于清嘉庆二十一年（1816）。面阔12米，进深60米，为三进两厢布局，门前上方悬挂

凤亭郑公祠（佛冈县史志办供图）

“名高制阃”牌匾（佛冈县史志办供图）

郑英瑞画像（佛冈县史志办供图）

“凤亭郑公祠”牌匾。大门两边安放一对石鼓，上方挂有“名高制阃”“存诚堂”牌匾。“名高制阃”为清嘉庆二十一年（1816）兵部尚书蒋攸铦和董教增二人在郑英瑞的府第——大夫第落成时赠送。宗祠天井两边有宽阔的走廊，天井后为供堂，供堂后墙上悬挂着祖宗牌位，牌位前有高大的石板神台。两侧厢房为八音棚，墙体用磨制的青砖砌至屋顶，瓦檐下绘有壁画及诗词，虽历经200多年岁月，仍清晰可辨。

（供稿：郑中扬；复核：曾道明）

土仓下村拓展介绍

佛冈县迳头镇

石咀头村

名片

- 明代城堡
- 围场
- 门楼
- 广东省文物保护单位

石咀头村村貌（佛冈县史志办供图）

石咀头村，位于迳头镇迳头村，建成于明嘉靖年间。因处于文昌河的大石岗上而取名石咀头村。村民多为郑姓，使用客家方言。现存古建筑有石咀头围场、司马第。

石咀头古围屋，坐西北向东南，面阔24.2米，进深59米，占地面积1428平方米。不规则的五边形围墙环绕整个村落，构成了防贼御敌、易守难攻的城堡。村内一条蜿蜒的中轴巷道从门楼通往祠堂，总长66米。中轴巷道两边的7条横巷串连着6排共130间民居，凸显粤北地区客家围屋的建筑特色。门楼高约10米，为重檐歇山顶龙船脊建筑，飞檐的翘角犹如10条飞龙的尾巴翘起，彰显出权贵的庄严和威武。檐下用金黄色勾勒的壁画图案表达了

石咀头村门楼（佛冈县史志办供图）

石咀头村一角（佛冈县史志办供图）

主人对平安、吉祥的向往和追求。门楼正门上方原挂有“一方保障”牌匾，为开村始祖郑玉深的孙子郑子龙于明嘉靖年间领兵平定英德、新丰等地的叛乱后，官府所赐，后于“文化大革命”期间被毁，现只留下挂牌匾的铁钉2根。门楼的大门呈拱形，墙厚3.9米，设有内外两重关口。如遇匪盗进犯，关上大门，匪盗便难以进入。门楼左右有角楼，墙上设有12个枪眼。门楼内有民居6排，横巷7条，纵巷1条，巷道由鹅卵石和花岗岩铺砌而成。民居悬山顶，盖素胎瓦，泥地面。2019年4月，石咀头围场门楼被核定为第九批广东省文物保护单位。

司马第，由郑懋中于明万历年间以“附监授北城兵马司指挥”后，从石咀头村迁到村东300米兴建而成。坐西南向东北，面阔22米，进深48米，砖木结构。围村呈“目”字布局，巷道为“E”字形，有一个正门供出入。正门用花岗岩作门框，门匾镌刻阳文“司马第”。悬山顶，平脊，素胎瓦，以客家梳形巷排列布局。进门第一、二排房屋为三间两廊民居，四周为单间民居。

石咀头村正门（佛冈县史志办供图）

（供稿：朱家佑；复核：曾道明）

佛冈县迳头镇

官塅围

名片

•民居
•荷花美食文化节
•古井
•广东省文化和旅游特色村

官塅围村貌（佛冈县史志办供图）

官塅围，位于迳头镇北部，清康熙后期（1713年前后）由先祖范宁春创建。因该村在清朝期间有较多族人出任官职而得名。世居村民多为范姓。2021年1月，该村被评为广东省文化和旅游特色村；同年被评为广东省和清远市家教家风实践基地。

官塅围坐西北向东南，面阔33米，进深34.3米，建筑占地面积1100多平方米。村内民居为“目”字形布局，前后有房屋4排，左右有房屋各1排，为悬山顶平脊，砖木结构。村大门左侧还伸延建有房屋一排，与前排形成“丁”字形，正门上方悬挂有清道光年间木雕匾“三代恩荣”。正门与第二、三栋正厅相通。第二栋正门上方悬挂清咸丰三年（1853）的“泮壁峥嵘”和清光绪十七年（1891）的“旨赏戴蓝翎”木质牌匾。第三栋为祭祖堂，中厅壁中间建有神楼，神楼上有神龛，神龛中间放置木刻先祖塑像，塑像两侧还放置有祖先牌位。神楼前摆有供桌，供桌上设香炉、灯盏、烛台等，供族人祭拜祖先用。村内巷道宽约3米，用花岗岩石板及河卵石铺成。整座围屋保存基本完好。

“旨赏戴蓝翎”牌匾（佛冈县史志办供图）

古井，位于村正门前面偏右10米处，相传有300多年历史。水井深约3米，井口直径约0.7米。此井神奇之处在于平时井水的水平面总是保持比地面略高几厘米。古井井水现仍为村民的饮用水源。

官埇围古井（佛冈县史志办供图）

自古以来，官埇围村民以耕读为本，清代多有名人。范干庭，出身船夫，因偶遇盗贼打劫路过的官船，见义勇为，以一敌十，救出官员，而得到官员赏识。该官员向光绪帝推荐范干庭，使其得以被提拔为两广水师提督，赏戴二品红顶花

官埇围新貌（佛冈县史志办供图）

翎。范干庭享年58岁，死后葬于广州龙眼洞。该村还有范尚文、范时荣、范奇勋、范翰元等人出任朝廷官员，屡建奇功，朝廷授赐的牌匾至今仍保存在村中。

2016年7月23日，迳头镇楼下村举办“2016佛冈夏日采摘季暨荷花美食文化节”，来自珠三角及清远各地的游客1万多人相约到佛冈县迳头镇“河西走廊”，在官塅围观赏百亩荷塘，共享田园风光。在活动现场，游客还可穿行荷塘，采摘莲蓬、荷花、瓜果等，在农家餐厅品尝莲藕莲子煲龙骨、荷香蒸清远鸡、田园阡陌等各色荷花美食，感受“舌尖上的荷韵”。2019年，佛冈县在该村建成范仲淹勤政文化园，展现当地历史文化。

游客在官塅围赏荷花（佛冈县史志办供图）

（供稿：郑中勇；复核：曾道明）

官塅围拓展介绍

佛冈县迳头镇

八宅围

名片

•广东省传统村落
•郑氏宗祠
•古民居

八宅围村貌（佛冈县史志办供图）

八宅围，位于迳头镇东南部，距镇政府9千米。始建于清乾隆五十六年（1791），因从官仓背村分迁出的郑姓宗族兄弟排行第八而得名。八宅围于2012年被列入佛冈县不可移动文物名录，2015年被评定为第一批广东省传统村落。

八宅围古民居建筑坐东南向西北，总面阔55.3米，总进深45.6米，占地面积2522平方米。围村呈“回”字形布局，四角的镬耳屋高于其他房屋，称为“四点金”。正门为龙船脊悬山顶，进深 5 排共11栋房屋，左右护水屋 2 栋，为悬山顶、平脊民房，砖木结构。巷道以河卵石铺面。一个正门，直入第二、三进，为喜事、聚会及拜祭祖先大厅，其他均为平房民居，素胎瓦。村门前有水塘和古井1口。

传统民居（佛冈县史志办供图）

八宅围郑氏宗祠（时发公祠），始建于清乾隆后期，为宗族祭祀、祈祷场所，占地面积200平方米。外墙为镬耳墙，顶部形似龟背，呈半圆流线型飞檐滴水，构成起伏有致的天际轮廓线，形似镬耳。现保存完好。祠堂为二进式布局，一进为议事厅，门体采用旧式红木，门前有天井，用于采光和防积水。二进为香火堂，供奉先祖。祠堂门前有池塘和古井。每逢节庆、喜庆日子，村民们都会到祠堂祭祖、祈祷。

八宅围村处于旧时古道的要塞部位，上经湖洋可达新丰县遥田，下过仓前、迳头可到佛冈。附近有一座古石桥，由3块4米长的石条搭建而成，是古道必经之地。

八宅围村古井（佛冈县史志办供图）

时发公祠（佛冈县史志办供图）

（供稿：郭治国；复核：曾道明）

佛冈县水头镇

莲瑶村

名片

- 东坑黄氏宗祠
- 龙牙寺
- 五福楼
- 霍宜人古墓

莲瑶村村貌（佛冈县史志办供图）

莲瑶村，位于水头镇西南部，距镇政府5千米。始建于明代，因村旁有一条小溪，源清流洁，故当地以“莲”为引名，取名莲瑶村。

东坑黄氏宗祠，位于东坑村北面20米，建于明嘉靖元年（1522），后多次重修。宗祠坐东向西，纵深57米，宽26.8米，占地面积1530平方米，属明代典型建筑，三进三间两廊二天井布局，有石柱、石门、天池、琉璃瓦、石刻、木构梁架，梁枋上饰以精致的雕刻，祠正面檐下墙体上有花、鸟、草、木、人物壁画，祠正门屋脊有鳌鱼瓷塑，建筑保存

刻有“钦赐举人黄昌祚立”的旗杆石（佛冈县史志办供图）

东坑黄氏宗祠（佛冈县史志办供图）

完好。正门左前方竖立刻有“钦赐举人黄昌祚立”的旗杆石。每年正月初一至十五，各地黄姓族人舞瑞狮并携带供品前往祭拜、供奉。2008年，东坑黄氏宗祠被列为广东省文物保护单位。

该村北面100米处有五福楼，建于清末民初。4座五层楼房包围一厅，楼高8米，建筑面积约981平方米，砖木结构。厅四周均是以鹅卵石铺底的石阶巷，巷宽3米，东边巷有水井。4座五层楼房的楼层之间以板木结构构建，每层楼层建有枪炮口。三合土夯墙，厚0.8米，硬山顶。五福楼寓意“寿、富、康、德、命”。黄姓族人建此楼是为了防御盗匪。五福楼于2012年被列入佛冈县不可移动文物名录。

五福楼（佛冈县史志办供图）

2013 年扩建后的龙牙寺（佛冈县史志办供图）

龙牙寺，位于莲瑶村西南部，背山面水，建成于清代，占地面积359.3平方米。坐北向南，灰砂夯墙砖木结构，面阔25.3米，进深14.2米，四合院格局，普通平屋脊。二进供奉佛像，左右厢房为僧人居室和其他用房。后有僧人将寺院加以修缮，新添了佛像，作为佛寺。《佛冈厅志》“庙坛寺观”一节中，有“龙牙寺，在黄田堡，祀佛”的记载。经省宗教部门批准，龙牙寺自2013年起进行全面扩建。

霍宜人古墓，位于村北面约800米的山上，建成于明代，占地面积116平方米。古墓坐北向南，灰砂砌筑，面阔9米，深10米，由环拢、牌坊碑龛、拜台、挂榜、月池等部分组成。碑龛位于环拢正中，面阔仿三间歇山顶龙舟脊建筑形式，镶嵌墓碑，碑文为“大明奉政大夫□□□霍老宜人之墓”。左、右各有一碑，左边碑全毁，右边碑文也已被毁坏。环拢三级边墙仿屋脊形。月池外为高1米的围墙，墙上有挂榜与精致的灰塑。霍宜人古墓的碑文为从化县黎民表所书写，字体端秀，刻工甚佳，地方人士将其拓印为书法范本。

霍宜人古墓（佛冈县史志办供图）

（供稿：李协湖；复核：曾道明）

佛冈县水头镇

丰年村

名片

- 围水屋
- 文昌楼
- 清献崔公祠
- 舞大头狮
- 南圃祖祠

丰年村村貌（佛冈县史志办供图）

丰年村，位于水头镇中部偏东，距镇政府1千米。始建于明代中期，清咸丰元年（1851），取“丰”和“年”字定名为丰年村。世居村民为崔姓。2012年，该村清献崔公祠、崔府安人墓、崔府邓氏老安人墓被列入佛冈县不可移动文物名录。

该村传统民居为围屋，围内四周为围水屋，中间为正座。围屋的4个角称为楼角，比围水屋约高0.5米。围屋前建有门楼，供村民进出。围内均为规格统一的正座屋和通巷，巷宽2米，均为以石铺底的石街巷。建房所用的材料主要是三合土，用火砖、泥砖砌墙，砖木结构平房，以瓦盖面。

丰年村大牌坊（佛冈县史志办供图）

清献崔公祠，建成于明洪武元年（1368），占地面积364平方米。宗祠坐北向南，三进布局，清末毁于火灾，2008年重修。祠堂重修后为砖木结构，面阔23.4米，纵深15.55米，二进一天井，三间两廊，两侧有衬祠，头门上方有木雕“清献崔公祠”牌匾，为明代儒家陈白沙（献章）先生亲笔书。祠前有石檐柱支撑，前墙楣有山水人物画。头门经过天井到二进，穿斗拱梁架。二进为晚节堂兼先祖牌位，前檐悬挂一块

清献崔公祠正门（佛冈县史志办供图）

重修后的清献崔公祠（佛冈县史志办供图）

“岭南间气”木雕牌匾。增城崔氏四世崔与之（1158—1239）为南宋名臣、广东先贤之一、宋绍熙年间进士，曾任广西提点刑狱，嘉熙中以观文殿大学士卒，后赐封谥号“清献”。崔氏后裔立清献崔公祠，以资纪念。清献崔公祠于1986年被核定为县级文物保护单位。

南圃祖祠，面阔8米，纵深37.8米，为三进两廊二天井布局，砖木结构，龙船脊。1939年6月，中共地下组织曾在南圃祖祠（丰村祠堂）举办第二期党员骨干培训班，并在该村建立农会、民兵组织开展革命活动。该村现已被列为革命老区。

南圃祖祠（佛冈县史志办供图）

文昌楼，外形如一支写字的毛笔，为八角柱形建筑，护佑村里的子孙后代读书聪明、学业有成。

村中历来有舞狮的习俗，有相对稳定的舞狮队。舞狮队成员近30人，并有统一的专用服饰。舞狮所舞的大头狮又称为大头狗、艾寨头。在锣鼓声中，扮作“大头佛”者舞扇唤起睡狮苏醒起舞；舞狮者形象地表现出喜、怒、哀、乐、动、静、惊、疑等神态，动静分明，刚柔相济，神形兼备，人狮一体。该村每逢喜庆大事和春节，都以舞狮的形式进行庆祝。

（供稿：陈国材；复核：曾道明）

佛冈县石角镇

科旺村

名片

- 余龙围山遗址
- 大庙峡古道
- 龙岗市古街
- 西周青铜铙
- 吉河大庙

科旺村村貌（佛冈县史志办供图）

科旺村，位于石角镇西南部，距佛冈县城3.5千米。始建于明末，据《清远姓氏》记载，刘姓先祖由潮州迁居从化，后又由从化迁至佛冈，始居佛冈龙南，后迁至现址。该村拥有丰富的文物古迹，村后的余龙围山有新石器晚期聚落遗址，村南有大庙峡古道及吉河大庙，村中有清霞刘公祠、龙岗市古街及水围古民居等。

科旺村古民居（佛冈县史志办供图）

科旺村传统民居为广府民居。墙体用青砖砌筑，悬山顶，龙船脊，二进三间两廊一天井布局。第一进中间为天井，左右两边为厨房；第二进中间为大厅，两边为卧室。屋顶侧边呈半圆形镬耳状，具有典型的岭南广府围屋建筑特色。

清霞刘公祠，建于清代，坐西北向东南，二进三间两廊一天井布局，砖木结构，硬山顶，博古脊，防火墙用双隅青砖砌筑。正门上方有一块“清霞刘公祠”花岗岩匾额，檐底为斗拱架梁，正门梁架和门檐木雕精美，花岗岩石块铺地。内厅为圆石柱，正门为方石柱，屋顶有形制独特的灰塑，正门两侧有石狮子一对。第一进有木制屏门，左右两边各有一个门官墩。宗祠建筑布局具有鲜明的岭南建筑艺术风格。

清霞刘公祠（佛冈县史志办供图）

龙岗市古街（佛冈县史志办供图）

大庙峡古道状元路（佛冈县史志办供图）

龙岗市古街，建于1923年，街长90米，宽2.6米，共有商铺78间。古街具有中西结合的建筑风格，两边是骑楼走廊。走廊地面用青砖铺成，街道用鹅卵石铺地。古街的西南端建有门楼，青砖砌筑，悬山顶，门楼上方有花岗岩门额，上书“龙冈市”三字。龙岗市是佛冈县保存完好的圩市。

大庙峡古道，位于科旺村南面，长约4千米，傍山临河，道路崎岖，明嘉靖八年（1529）在原崎岖山路凿石拓宽而成。古道旁的石壁上有长约1.5米、宽约1米的“魁”字石刻。此古道是当时南北交通主要通道，过往行人甚众。

吉河大庙，位于大庙峡古道旁，建于明代。坐西北向东南，龙船脊，硬山顶，盖灰瓦，砖木结构，为二进布局。此庙为吉河地域香火鼎盛的庙宇，滘江、吉河两地的民众多到此庙拜祭。清代及民国时期，大庙每5年做一次“神功”，请戏班演大戏，白天、晚上均演两场。除吉河、滘江地域的人外，广州、南海以及北江两岸的商客也会坐船前往看戏。

摄于清代的吉河庙会（佛冈县史志办供图）

1983年，该村村民在大庙峡勒冚果场开垦时发现古文物，经广东省文物鉴定小组鉴定，为西周时期制作的青铜铙。铙身重18千克，通高41.5厘米（身高29.5厘米，顶高12厘米），宽23厘米。铙身呈合瓦形，两面口缘如峨眉月，顶部残缺，无悬纽，不能悬挂，只可竖放。该铙是广东省发现最早的一件铙类青铜乐器。

在大庙峡出土的西周青铜铙（佛冈县史志办供图）

1986年，在该村西南方的余龙围山上发现新石器晚期聚落遗址。遗址有石斧、石锛、石箭镞、石心以及陶器碎片。该遗址对研究佛冈县的历史和文化有重要的参考价值。

（供稿：朱家佑；复核：曾道明）

佛冈县石角镇

佛冈村

名片

- 古围村
- 缘祖曾公祠
- 古民居建筑群
- 九曲松

佛冈村村貌（佛冈县史志办供图）

佛冈村，位于石角镇中部，距镇政府约1千米。该村始建于南宋端平元年（1234），至今已有近800年历史，文化底蕴深厚。村庄附近多为低矮山冈，村后有一座摩罗山，山间有一佛寺，建村时曾得到寺中和尚指点，故取名佛冈村，又称佛冈围。

该村传统民居具有鲜明的广府特色，现保存较完好的有大围、大禾塘居住点建筑群。其中，大围建筑群坐西向东，村后是摩罗山，村前有占地面积约3333.3平方米的半月形水塘和400平方米的晒禾坪。水塘中满是团团的荷叶，亭亭玉立的荷花倒映水中，别有一番风味。整座建筑群为“回”字形四点金布局，面阔75米，进深100米，占地面积7500平方米。村内建筑以正门楼为中轴线对称，布局呈方格状，横巷2条，竖巷5条，巷道宽1.8米，均用河卵石铺成。建筑群有正座民居28座，每座为一厅一天井二廊四房布局，砖木结构，硬山顶，石门框，石窗框，石地板，麻石条（每条高1.6米）或三合土（泥、灰、石）或火砖墙体，房高5.8米，每个房间内加装一层木楼阁。屋檐下有壁画、灰塑图案，寓意吉祥如意、福寿康宁。

大围古民居瓦檐（佛冈县史志办供图）

大围正门楼（佛冈县史志办供图）

清代中期，村中办有私塾学堂，延师教族中子弟读书。族中子弟凡在乡试中考有名次的，族中均给予奖励，以激励其勤奋求学。民国时期，村中办有一间私立小学，后改为公办卫冈乡第十五保国民学校。

缘祖曾公祠，建于明成化十五年（1479），1938年重修扩建，占地面积703平方米，为该村曾缘祖后人祭祀祖先的重要场地。该祠坐东南向西北，总面阔21米，进深33.5米，第一进高6.5米，第二进高7米，均为砖木结构，青砖墙，硬山顶，龙船脊，盖灰瓦。该建筑为广三路，中路为二进二廊一天井布局，有衬祠，两侧为青云巷。第

缘祖曾公祠（佛冈县史志办供图）

一进保存有门官墩，青砖砌成，两边衬祠均有祭坛。宗祠头门门额石匾上刻有“缘祖曾公祠”字样。正门前封板瓦檐额木雕之人物花鸟精美，梁架木雕，正门墙体有灰塑壁画和题词，前檐装2条方形石柱，石梁架（又名虾公梁），石块铺地。祠堂前面是一个小院子，院墙上镶嵌琉璃瓦。2座牌坊式建筑，设左、右院门，左院门楼上刻有“报本”，右院门楼上刻有“诒谋”，寓意报恩祖先为子孙妥善谋划，使子孙繁衍安乐。左院门有1座旗杆夹石，上刻“光绪甲午恩科中试第九名贡士钦工部主政，臣曾文玉”字样。该祠于2012年被列入佛冈县不可移动历史文物名录。

佛冈村原有1棵九曲松，位于缘祖曾公祠之东50米。此树有三枝树干，每一枝树干又三曲相连，故谓九曲松。树形蜿蜒若蟠龙，矫健多姿，枝繁叶茂，遒劲苍翠，顶若华盖，浓荫蔽日，覆盖面积约666.7平方米。九曲松植于清康熙年间，村民常于树下游玩、休憩，一些官绅、文人、学子也常到此观赏、聚会，谈论乡情或交流诗文。20世纪60年代，九曲松枯萎，后佛冈中学成立“九曲松文学社”，以传承和发扬历史文化。

（供稿：钟少军；复核：曾道明）

佛冈县石角镇

龙蟠村

名片

- 古民居
- 接三王
- 刘氏大宗祠
- 舞猪头狮
- 龙南武术

龙蟠村村貌（佛冈县史志办供图）

龙蟠村，位于石角镇西部，距镇政府8千米。始建于明永乐年间，刘姓先祖刘从龙迁至此地居住。因村庄坐落的山呈蟠龙状而取名龙蟠村。清代，该村设置有龙蟠堡及龙蟠墟。

佛冈建厅时，在该村附近设置龙蟠兵汛营（兵站）。村内有宽1.8米并铺砌河卵石及麻石板的巷道近150米。该村有古街及众多商铺，设龙蟠墟市，形成集军事、行政管理、商贸集市、学堂于一体的建筑体系。传统民居为广府民居，现存300多座，先后建于明、清及民国期间，每座占地面积180平方米。代表性民居为五龙过脊，民居前排结

刘氏大宗祠（佛冈县史志办供图）

构顺序为廊、天井、廊、天井、廊；后排结构顺序为房、房、厅、房、房，四房一厅相接。现大部分保存较好。

刘氏大宗祠，始建于明永乐年间，占地面积598平方米。三进三间两廊二天井布局，面阔14米，进深42.7米。第一进高7.2米，第二进高7.4米，第三进高7.7米。砖木结构，青砖墙，龙船脊，硬山顶。祠堂主架采用花岗岩石圆柱、方柱支撑，石块铺地。正门有石刻额匾“刘氏大宗祠”。第一进有一个门官墩，正门柱上的一对顶梁石狮栩栩如生，头门斗拱和门檐额有精美的木雕，屋顶有形制独特的灰塑。祠堂布局合理，保存完整。2012年，刘氏大宗祠被列入佛冈县不可移动文物名录。

龙南武术（佛冈县史志办供图）

研习武术是龙蟠的习俗。民国初期，龙蟠村延请佛山人祝景武到村中传授武术，他用生产农具或生活用具如扁担、木棍、锄头、耙、长板凳等为武器，自创武术套路，传授给村民。该村是龙南武术（2012年被列入清远市非物质文化遗产名录）的传承地。

接三王习俗（佛冈县史志办供图）

该村有接三王习俗。接三王是指接送刘泉、邹钦、赖全3人雕像的民俗活动。其中刘泉为元代清远黄田都（今佛冈水头王田村）人（《佛冈厅志·忠义志》记载），邹钦、赖全为刘泉的左、右护卫。该习俗起源于元末明初，至今已有600多年，通常在清远吉河乡地域（今佛冈水头镇、石角镇）举办，由吉河乡10个村轮流主持举行，轮值村在每年十月初一举办，龙蟠村为10村之一。该习俗蕴含着人们祈求团结、兴旺、平安、扬善的美好愿望，是具有鲜明特色的民间传统活动，参加者众多，仪式隆重，场面热闹，于2012年被列入清远市非物质文化遗产名录。

龙蟠村猪头狮（佛冈县史志办供图）

每年正月初四举行祭祀活动，刘姓族人舞猪头狮，前往刘氏大宗祠进行祭祖。相传300多年前一个除夕，该村村民捆起一头猪准备宰杀，后猪挣脱逃走，村民在村旁寻找时，发现此猪在地里刨出一缸金银元宝。村民认为此猪是吉祥物，于是把猪放走，并将这一缸金银元宝分发给全村村民。后来，村民制作猪头形状的狮子舞动，祈求风调雨顺、五谷丰登、六畜兴旺。

（供稿：陈国材；复核：曾道明）

佛冈县汤塘镇

汤塘围

名片

- 中国传统村落
- 周氏兴学祠
- 广东省古村落
- 汤塘温泉
- 古民居

汤塘围村貌（佛冈县史志办供图）

汤塘围，位于汤塘镇中部，距镇政府1.6千米。始建于明天顺年间，因村内有天然热水塘（温泉），故取名汤塘围。随着人口增加，汤塘围逐渐形成具有防御特色的上闸、中闸、下闸3座古围村。2012年3月，汤塘围被评定为第三批广东省古村落；2016年12月，被评定为第四批中国传统村落。

汤塘围大榕树（佛冈县史志办供图）

汤塘围有古民居300多座，多为清代建筑，坐北向南，错落有致，数十条由石板铺设的巷道相互连通。3个门楼结构相同，拱形门楣，两扇耳门，安装“趟栊”，形成门闸。墙体厚实，一旦关闭耳门，拴牢闸栅，盗贼便难以入侵。门楼四周墙体留有孔洞，可供瞭望观察和射击。

围前有2棵古榕树，树龄达400余年，枝繁叶茂，树冠覆盖面积近500平方米。围内有6口古井，水质清澈甘甜；排水沟渠布局有序，清水长流。

汤塘围现存冯氏、周氏、罗氏3座宗祠和濂溪书院（周氏兴学祠），均于2012年被列入佛冈县不可移动文物名录。

冯氏宗祠，建于明代，坐西北向东南，面阔14.95米，进深40.4米，占地面积604平方米，三进二天井布局，门口有虾拱、石狮承托上梁，博古脊，硬山顶。

冯氏宗祠（佛冈县史志办供图）

周氏大宗祠，建于清乾隆初年，坐西北向东南，面阔12.6米，进深36.5米，占地面积460平方米，三进二天井布局，博古脊，硬山顶，屋脊置“双龙戏珠”，檐下木雕栩栩如生。

周氏大宗祠（佛冈县史志办供图）

罗氏宗祠，建于明末，坐西北向东南，面阔14.8米，进深26.8米，占地面积396平方米，二进一天井结构，屋檐由石柱木梁支撑，檐下木雕壁画，硬山顶。

罗氏宗祠（佛冈县史志办供图）

周氏兴学祠，建于清乾隆初年，三进二天井布局，占地面积1053平方米，后为汤塘小学、汤塘中学；1939—1940

周氏兴学祠——中共湛江区工委、中共湛从区工委旧址（佛冈县史志办供图）

年，中共湛江区工委和中共湛从区工委曾设于此；近年来改建为濂溪书院。

汤塘围节庆习俗有舞龙、舞狮、赛龙舟，有“上闸舞龙，下闸舞狮”之说。

汤塘温泉是古围村的一大特色亮点，《太平寰宇记》中“泉流不绝，气蒸如雾，可热食物，疮患洗之即愈”是关于此温泉最早的文字记载。温泉出水温度达87℃，属极热温泉，可烫熟鸡蛋，亦可烫除禽畜皮毛。日涌量达2000立方米，富含氡、钙等20多种有益元素，有祛疾除病之功效。古往今来，温泉供围民洗菜、浸烫禽畜脱毛，远近民众也多到汤池取水洗浴，祛病健身。

汤塘围舞龙表演（佛冈县史志办供图）

如今，在汤塘围开发的聚龙湾天然温泉度假村已成为国家AAAA级旅游景区。2010年，中共广东省委、广东省人民政府授予汤塘围“文明村镇”称号。

汤塘围村民在打温泉水（佛冈县史志办供图）

（供稿：郭治国；复核：曾道明）

佛冈县汤塘镇

围镇村

名片

- 猪牯墩新石器时期遗址
- 舞被狮
- 明代古墓
- 明代古民居

围镇村村貌（佛冈县史志办供图）

围镇村，位于汤塘镇中部，距镇政府5千米。始建于明弘治年间，因四周筑有围墙、水圳而得名。围镇舞被狮于2007年被列入省级非物质文化遗产名录；猪牯墩新石器时期遗址、明代处士郭公墓、刘氏宗祠于2012年被列入佛冈县不可移动文物名录。

围镇村门楼（佛冈县史志办供图）

围镇村现存古民居50多座，属广府民居风格。门楼墙体用青砖垒砌，门洞镶嵌石条，前后2道门扇，安装木栅栏（俗称“趟栊”），具备安全防御功能。门洞上方设有孔洞，可供瞭望观察和射击外侵者。随着人口增多，围村扩大，形成旧围、新围、禾场埔三个部分。

刘氏宗祠，建于清咸丰十一年（1861），面阔12米，进深32米，占地面积384平方米。宗祠坐东北向西南，三进二天井，有廊4间，木雕壁画，博古脊，硬山顶。祠堂门口有2根石檐立柱，虾公梁石狮支撑。历经两次修葺，现保存完好。

刘氏宗祠（佛冈县史志办供图）

猪牯墩山遗址，位于围镇村西南部，占地面积3万多平方米，据考证，为新石器时期遗址，距今已有五六千年。该遗址有新石器晚期的石斧、石锛、石凿、石刀、石环、石心、石箭镞等共30余件，还有方格纹、回形纹陶片。

猪牯墩山遗址（佛冈县史志办供图）

处士郭公墓，位于猪牯墩山脚，建于明万历年间，占地面积191.4平方米。墓主不详（处士在古时候是指有德才却隐居不愿做官的人）。

处士郭公墓（佛冈县史志办供图）

功德碑。围镇门楼前立有4块石碑，碑上刻有“恩贡生刘行修立”。刘行修为围镇刘氏第十代孙，清咸丰三年

（1853）考取贡生。村内有西广书室，为教书之所。

功德碑（佛冈县史志办供图）

舞被狮，围镇特色民俗。起源于清初，因迁移太祖婆骸骨时，为避免烈日暴晒，家媳用裹婴儿的花被遮挡安葬，不期却迎得当年风调雨顺、人丁兴旺、五谷丰登。村民们认为是太祖婆显灵福泽全村，此后每年元宵节都由家媳家婆一起在祠堂舞被狮，祈求太祖婆保佑。该民俗代代相传至今已有400多年历史。中央电视台综艺频道（CCTV-3）2011年《欢乐中国行：魅力清远》、2015年春节《记住乡愁》两档节目都专题报道了围镇非物质文化遗产——舞被狮。近年来，每年正月十五，围镇舞被狮队伍在彩旗和醒狮的引领下，到宗祠和镇海庙拜祭，然后走村过巷，到新婚和新添丁的人家道贺。

1949年9月20日，黄信明在围镇村主持召开军民大会，宣布成立中共滘江县委、滘江县人民政府。2011年1月，中共滘江县委、滘江县人民政府旧址被评定为佛冈县革命史迹保护单位。

省级非物质文化遗产——围镇舞被狮表演（佛冈县史志办供图）

（供稿：郭治国；复核：曾道明）

佛冈县龙山镇

名片

- 中国历史文化名村
- 古井祭祀
- 广东省古村落
- 象棋之乡
- 镬耳楼

上岳古村

上岳村村貌（佛冈县史志办供图）

上岳古村，位于龙山镇西部，距镇政府约12千米。始建于宋末元初，由抗元名将朱文焕后裔建村。该村于2008年被评定为第一批广东省古村落，2010年被评定为中国历史文化名村，2012年被评定为第一批中国传统村落。

全村由18个里组成，五家为一邻，五邻为一里。现保存较完好的有6里37幢108座古民居，其中，相连在一起的上归仁里、中归仁里、下归仁里是保存完好的古建筑群，其数量之多，为广东省内罕有。里内古巷多为二横三纵或四纵，均为统一规格，大多铺石，巷道边有排水渠。

镬耳楼群（佛冈县史志办供图）

镬耳楼，俗称锅耳楼，是古村最具特色的建筑。据建筑学家考证，镬耳楼起源于明代，盛行于清代，民国初期衰落。镬耳楼的主体建筑是镬耳墙（也叫鳌背墙），清一色由青砖砌成的屋宇山墙高于屋顶，上面呈半圆流线型飞檐滴水，构成起伏有致的天际轮廓线，形似镬耳。

村中有朝瑞朱公祠和朴山朱公祠。前者建于清同治年间，占地面积1120平方米，坐北向南，广三路，中路为二进三间两廊建筑，两边有衬祠。后者建于清乾隆四十六年（1781），建筑面积444平方米，为二进三间两廊一天井布局，正门两侧石柱、屋檐的横梁装饰木雕两边刻有彩凤“福”与“寿”图案，祠堂内两厢房分别是五桂房和玉书房，正门上两侧为镬耳墙，构成“双凤朝阳”布局，顶梁硬山脊上有一对鳌鱼陶塑。

乡贤朝瑞朱公祠（佛冈县史志办供图）

朴山朱公祠（佛冈县史志办供图）

古井建于清乾隆四十六年（1781）。井水清澈甘洌，村民为感谢上苍恩赐，特在井前建祭坛。古井祭祀又称为祭井神，是该村特有的习俗。每年正月十五，村民纷纷前往祭祀，其余几大节庆则各户拜祭。

朴山朱公祠内的古井（佛冈县史志办供图）

私塾旧址泗吉堂，建于清末民初，以前村里的学童都到此念书，室内山墙顶上有以花鸟为主题的壁画。该村崇文尚武，既重视诗书教育，又重视健身强武。朴山朱公祠门前有两块巨石，村中的青壮年在此拉弓、舞刀、提石，练就过硬本领，曾屡破清远乱匪，保家卫国。朱氏家族有完整、严格且世代相传的祖训和族规，倡导真、善、美，鼓励族人修身、齐家、爱乡、报国。村里曾有贡

古巷（佛冈县史志办供图）

泗吉堂（佛冈县史志办供图）

士、举人、秀才、武举数十人。

古村有“象棋之乡”的美称，村民自明代以来酷爱中国象棋对弈活动，历代不衰。

（供稿：李协湖；复核：曾道明）

上岳古村拓展介绍

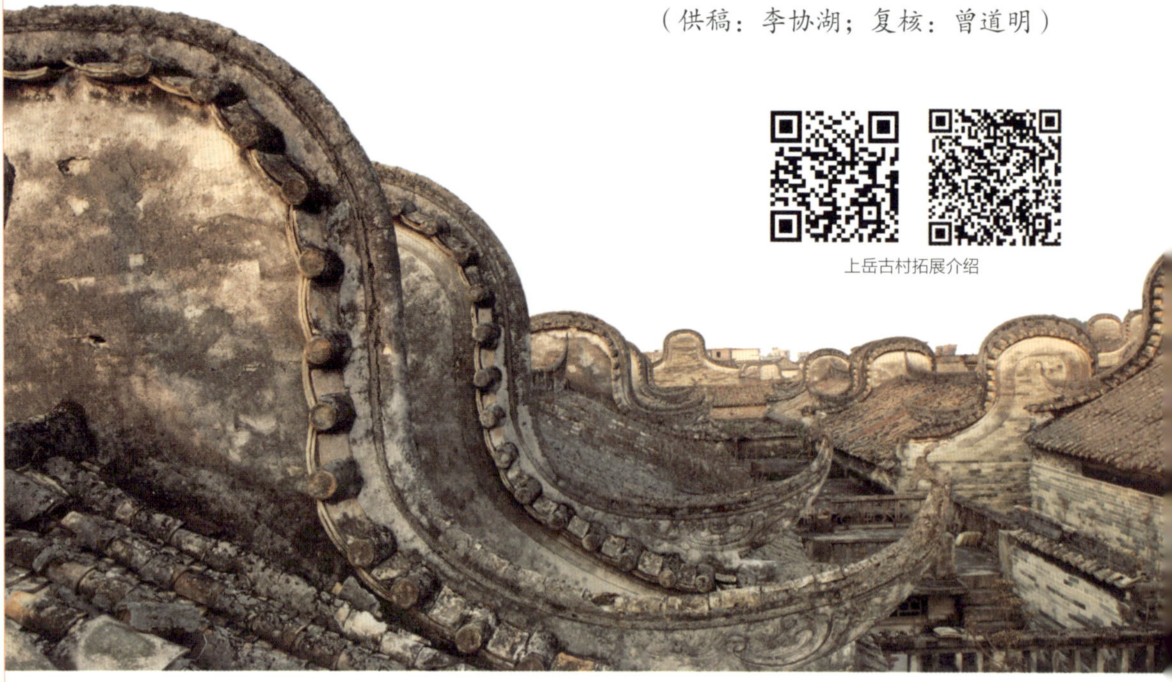

镬耳奇观（佛冈县史志办供图）

佛冈县龙山镇

郭　围

名片

- 古门楼
- 抢花炮
- 古祠堂
- 佛冈县不可移动文物

郭围村貌（佛冈县史志办供图）

郭围，位于龙山镇东南部。始建于清初，增城福和郭氏族人分支迁居此地而形成村落。据《广州市地名志》记载，郭姓于清朝迁至此地建村，取名郭围。

郭围建筑呈“横三竖九”分布，即3条横巷、9条竖巷，形成整齐的村庄格局。村前有一口大池塘，“塘之蓄水，足以荫地脉、养真气”，起到防范火灾、调节气温等作用。古村建筑属于明清时期的古建筑，建筑布局具有浓郁的广府传统村落特色，坐南向北，呈梳式分布。民居大部分为砖木结构，青砖墙体，屋顶以硬山顶和龙船脊的岭南建筑形式呈现。2012年，郭围被列入佛冈县不可移动文物名录。

郭围门楼（佛冈县史志办供图）

古村有2座门楼，由于风雨侵蚀，屋顶受损，民国时期经过修缮，屋顶的龙船脊已改为普通屋脊。大门用花岗岩石板镶嵌，坚固牢靠，彰显出该村建村时财力雄厚。门楼墙体上端有2个瞭望孔和防御盗匪的炮眼。若遇到匪患险情，村民立即关闭木趟栊，合拢厚重的硬木大门，整个围屋便形成严密的防御体系。

郭围建筑群为水磨青砖建筑，巷道用花岗岩长石条混以青砖铺砌，布局合理。民居大多为广府三间两廊布局，中间为厅，左右为房，东廊为门廊，西廊为厨房。若两户人家合住，则左右两廊作为厨房，厨房各自开设门口，面向巷道。民居由廊门口进入，经过厨房到达小天井，天井连接大厅，大厅门口通常安装两扇厚重的大门，大厅两侧为两间住房，因两扇房门面对天井，故称为“二门归厅”，也有少数是“四门归厅”布局的房屋。

郭围传统民居“一巷通”（佛冈县史志办供图）

粤台郭公祠，建于清代中期，为该村郭姓十世郭应奇所建。宗祠位于郭围古民居中间，

粤台郭公祠（佛冈县史志办供图）

建筑占地面积250平方米。硬山顶，龙船脊，抬梁式构架，琉璃瓦面，梁架上有精雕细刻的图案。郭公祠为三间三进二天井布局，前为门厅，中为享堂，后为祀厅。祠堂由西门进入，门口檐封板上雕刻有精美图案，寓意吉祥安康。厅门两侧，石鼓对峙，两侧各有一房间，中门由石柱础支撑的木门柱构成。屋顶下有繁花喜鹊、傲雪寒梅等图案，屋檐下木雕有瑞兽嬉戏、瓜果飘香等图案，画面生动精致。

抢花炮是郭围特色民俗活动。自村落建成后，每年正月十五，郭围村民在村口门楼前聚集，举行抢花炮活动。郭围抢花炮，又叫抢罩炮，与同属潖江龙山地区的上岳古村有所不同，上岳花炮放置的是铁圈，而郭围花炮上罩盖的是用禾秆结成的圆环。活动伊始，村民点燃放置在空地上的花炮（俗称地墩），然后立刻远离。随着震天铄地的一声炮响，花炮迅速炸开，红纸片散落满地，禾秆圈一飞冲天，摇曳跌落，大家蜂拥而上进行争抢。抢到寓意吉祥的禾秆圈的村民则喜不自胜，盼望在新的一年有好运。

抢花炮场面（佛冈县史志办供图）

（供稿：朱家佑；复核：曾道明）

莫氏宗祠

连山

历史文化村

连山壮族瑶族自治县吉田镇

石鼓村

名片

- 古门楼
- 淘金地
- 连山民族小学
- 狮子头制作

石鼓村村貌（李凯 摄）

石鼓村，位于吉田镇东部，距镇政府2千米。始建于元至元年间，因古时村中有一对石头制成的鼓而取名石鼓村。世居村民有吴、虞、邵、蔡等姓，有汉族、壮族和瑶族，汉族属广府民系，均使用粤方言连山话。

村中现存静溪门楼、虞奕会宅、新书房门楼、虞天演房门楼等历史建筑。其中，静溪门楼始建于明末清初，坐西向东，马头墙，砖墙搁檩单间二层斗门式；面阔3.7米，进深4.55米。2011年11月，该建筑被县政府列入不可移动文物名录。

虞奕会宅，始建于清初，由门楼及上、下座房屋组成。上座房屋坐西北向东南，三开间，马头墙，头门饰瓦檐门罩；下座房屋为中西合璧风格。2011年11月，该建筑被县政府列入不可移动文物名录。

静溪门楼（李凯　摄）

虞天演房门楼（李凯　摄）

虞仲文祖屋，始建于清末，坐东北向西南，三开间，马头墙，头门饰瓦檐门罩；明间为上厅，次间为厢房，上厅饰隔扇。2011年11月，该建筑被县政府列入不可移动文物名录。

1938年，该村虞泽霖等几个大学生，因广州沦陷不能外出发展，在镇安庙（即虞氏家庙）成立石鼓小学。该小学成为全县第一间私立完全小学。2015年，石鼓小学改建为连山民族小学。

连山民族小学（李凯　摄）

村前有上吉水，盛产沙金。据1928年版《广东连山县志》记载，沙金产于上吉村一带溪河，每年约可换银一千余两。清光绪年间，连山直隶厅同知邓倬堂作《沙金》诗："中天日月近，沐浴生百宝。偶然一漏泄，为民嘘枯稿。余高三十里，有溪山环绕。似通丽水源，别开黄金岛。朝日射沙明，的烁光皎皎。土人趁农隙，穿穴恣搜讨。或穷数日力，目不见毫杪。或一举手劳，邂逅得之巧。怪哉捷获处，所历仍故道。百年淘不尽，可食不可饱。始知富媪富，阴阳洪铸造。亦复自珍惜，德辉下凤鸟。惟有重稼穑，烂漫偏黍稻。"

游客在上吉水体验淘金（连山史志办供图）

狮子头（虞小平　摄）

配套面具（虞小平　摄）

特色民俗技艺"舞狮子"，流行于民国时期。逢年过节、新居入伙等喜庆日子，舞狮队都进行表演，增加喜庆的氛围。村民虞天演擅长制作狮子头及配套面具，因其精美实用，该县民众及湖南、怀集等外地狮子队争相订购，更有新加坡等地华侨将其作为珍品收藏。

（供稿：李凯；复核：植成业）

连山壮族瑶族自治县吉田镇

茶联村

名片

- 过山瑶聚居地
- 过山瑶婚礼
- 广东省少数民族特色村寨
- 瑶族盘王节活动举办地

茶联村一角（李凯　摄）

茶联村，位于吉田镇西南部，距镇政府13千米。始建于1943年，因此地种有许多茶树而取名茶联村；曾用名沙联，别名沙岛界。村民散居于连绵山谷中。世居村民有冯、盘、赵3姓，属过山瑶民系，使用瑶语过山瑶话。2020年，该村被评定为第一批广东省少数民族特色村寨。

该村有过山瑶婚礼、舞龙灯、瑶族八音、瑶族小长鼓舞、过山瑶民歌、十月十六盘王节等习俗，民风淳朴，民族风情浓郁。1990年夏，著名作家秦牧到村了解瑶情，

茶联村村民热情好客，有客光临必以酒相迎（虞日胜　摄）

赋诗“密林深处访瑶家，老酒新楼两足夸。缘有春风拂大野，千年柏树亦开花”。

过山瑶婚礼有迎亲仪式，送亲队伍和新娘来到新郎家门口，不能立即进门，需按辈分高低排成数行，让迎亲乐队奏着《迎亲曲》先绕送亲队伍转3圈，再以辈分高低各绕转3圈，最后绕新娘转3圈，乐队先后要转36圈，新娘才姗姗进门，瑶族称之为“串亲”，意为代表主人“认亲”。“串亲”不能马虎，若分不清辈分串错，还得重串一次。2012年，该习俗被列入广东省第四批省级非物质文化遗产名录。

20世纪80年代的送亲（连山史志办供图）

“拜堂床”是过山瑶一个隆重的婚俗。村民在正厅案台中间摆1只全猪头，两边各摆1个披红托盘，托盘中各插1支大红烛，地下铺垫大红花被，名为“拜堂床”。新郎、新娘向长辈和兄姐敬酒认亲。

20 世纪 90 年代初的瑶族婚俗——拜堂床（连山史志办供图）

农历十月十六盘王节是瑶族较为隆重的节日，瑶族人民供奉盘王，把他视为开山始祖。节日当天，村民聚在一起唱瑶歌、跳瑶舞、欢打瑶族小长鼓，祭祀盘王，宴请亲朋好友。2006年，盘王节被列入第一批国家级非物质文化遗产名录。2016年、2020年、2021年连山瑶族盘王节庆典活动均在茶联村举办。

2021 年 11 月 20 日，连山瑶族盘王节庆典活动在茶联村举办（覃阅　摄）

（供稿：李凯；复核：植成业）

连山壮族瑶族自治县吉田镇

大田冲村

名片

•舞龙灯
•瑶族小长鼓舞
•瑶族八音

大田冲村一角（李凯　摄）

大田冲村，位于吉田镇西南部，距镇政府17千米。始建于清末，因山冲水比小田冲村的水流量大，故取名大田冲村。世居村民有梁、盘、赵、文姓，以瑶族为主，属过山瑶民系，通用瑶语过山瑶话。

大田冲村瑶族风情浓郁，有舞龙灯、瑶族八音、瑶族小长鼓舞、过山瑶婚礼、过山瑶民歌、十月十六盘王节等习俗。其中，舞龙灯由1个龙珠灯、1个龙头灯、9个龙身灯和1个龙尾灯组成，另加2个鱼灯、4个牌灯。扎制龙灯时，先用竹篾扎成不同灯形，再用各种色纸糊贴出花边、花纹图案。龙灯队有18人，按顺序出场表演，以鼓、钹、京锣、云锣等敲击乐器伴奏。2009年，舞龙灯被列入清远市第二批市级非物质文化遗产名录。

瑶族八音，当地人自称“唰慨”，随瑶族先民从两湖地区迁至南岭而进入此地区。早期的瑶族八音以唢呐、皮鼓、小钹、中钹、小锣、沙锣、牛角等吹打乐器组成。它是婚礼、乔迁、祭盘王的主要助兴器乐。瑶族八音按喜事进行的程序而吹奏

瑶族八音吹奏现场（虞日胜　摄）

不同的曲调，分别是起台锣鼓、起台、迎客、敬茶、洗（面）脚、出茶、入席、敬酒、收碗、出拜、收拜、送客、洗台等。办婚礼时有贴对联的加一曲“贴对联调”。新居进宅的，沿着新居四周吹奏一圈才回到厅堂吹奏。瑶族八音经历代积淀、口头相传至今，吹奏的13种曲调均为徵调式。2009年10月，瑶族八音被列入广东省第三批省级非物质文化遗产名录。

瑶族小长鼓舞是连山过山瑶最具代表性的民间传统舞蹈，在“还盘王愿”和其他喜庆节日时表演，与连南排瑶长鼓舞的区别在于所用之鼓较小。小长鼓是小长鼓舞的舞具，是为舞蹈提供鼓点节奏的打击乐器。瑶族小长鼓舞基本动作有27个，以建造木屋的劳动过程为素材，细腻含蓄，刚柔兼备，手足严谨，上下身和谐统一，朴实而潇洒，具有浓郁的生活气息、民族特色和独特的艺术风格。2011年5月，连山瑶族小长鼓舞被列入第三批国家级非物质文化遗产代表性项目名录。

瑶族小长鼓舞（连山史志办供图）

（供稿：李凯；复核：植成业）

连山壮族瑶族自治县太保镇

旧城村

名片

- 连山县治地
- 县级文物保护单位
- 明代西门楼
- 解放节

旧城村村貌（连山史志办供图）

旧城村，位于太保镇东部，属保城行政村，距太保镇政府2千米。该村临山环水，地势险要，是历史上的军事要地。明天顺六年（1462）至1946年，为连山第三个县治地。1946年，县治迁到永和，此地取名为旧县城，又称旧城。世居村民有罗、李、吴等26姓，属汉族广府民系，通用粤方言连山话。

明天顺六年，连山县知县孔镛把县治从程山（永丰司城）迁到太保大象山小水坪（即今旧城）；明成化四年（1468），“叠石成垒”为小城，四面设有门楼，东为迎旭门，西为秩成门，南为离照门，北为宣威门，从东门至西门的直街，长百余丈，宽丈余，均用山石铺垫。清嘉庆二十一年（1816），改为绥瑶直隶厅署。辛亥革命后，复为县城，为县、厅公署共计484年。1928年，城内有大小公署70多间、民居矮屋100多间。沿山建筑分为6级。

城墙遗迹（李凯　摄）

旧城作为连山县治地，历任知县、同知、知事、县长共221人，旧县志有传的有22人。当中有促进民生、推进民族和谐的孔镛；有兴办书院，使连山文风为之一振，编纂《连山书院志》《连阳八排风土记》的河南才子、教育家李来章；有清如水、明如镜，爱民若赤，离任时村民扶老携幼拜叩挽留的孙瑛。

旧城内建有学宫、书院，作为村民子弟学习儒家经籍、参加科举学习、祭祀孔子的场所。清康熙四十七年（1708），时任知县李来章始建连山书院，后称桂阳书院。

2021年重建的南门（李凯　摄）

2021年重建的象山书院（李凯　摄）

清同治四年（1865），同知蒋震举倡建学宫于大象山麓，名象山书院。历经80多年，先后办有高等小学、乡村师范学校、初级中学，培养了不少人才。民国版《广东连山县志》记载，象山书院以“象山春风”被列为当时“连山八景”之一，时任县佐藏承宣诗云：“郁葱佳气接蓬莱，广厦千间迤逦开。几度春风吹绛帐，满山桃李尽成材。”

村中主要文物遗迹有西门楼、南城墙、文庙、武庙、文武官员下马碑、全国人民抗战纪念碑等。其中，西门楼始建于明成化四年（1468），清乾隆年间重建，砖木结构，歇山式，被评为第一批县级文物保护单位。当代诗人唐自辉作《旧城西门楼》诗云：“雨打风吹五百年，城楼耸峙势岿然；峥嵘岁月云烟逝，历史长存成美谈。”

位于东门台阶旁的文武官员下马碑（李凯　摄）

西门楼（虞日胜　摄）

2017 年 12 月 6 日，旧城村举行连山解放 68 周年暨民族“感恩 · 团结”庆祝活动（虞日胜　摄）

解放节是村民为纪念1949年12月8日（农历十月十九日）中国人民解放军解放旧城和太保圩而设定的。每年的这天，村民摆设宴席、制作汤糍，宴请众多客人，并以汤糍作为“手信”相送。2017年12月6日，旧城村举办连山解放68周年暨民族“感恩 · 团结”庆祝活动，村民制作2万多只汤糍，设宴380围，以《舞春牛》《炸火狮》等13个文化表演节目款待5000多名来宾，展现了“古县城村民奋发齐心协力奔康，新时代党政英明远瞩高瞻图强”的风貌。

（供稿：李凯；复核：植成业）

连山壮族瑶族自治县太保镇

沙坪村

名片

•近现代典型风格建筑

•旗杆石 •“二月二”节

沙坪村村貌（连山史志办供图）

沙坪村，位于太保镇中部，属沙坪行政村，距镇政府2千米。村落始建于明朝，因建在沙洲边一坪地上而得名。世居村民主要为李、许等姓。

传统民居为广府民居，代表性民居有李家新宅、李家志（智）宅，为近现代典型风格的重要史迹及代表性建筑。其中，李家新宅建于民国后期，砖木结构，为院落式布局。门楼坐西南向东北，楼高6米，共两层，为各五开间单檐硬山楼。该门楼层面附设屏风门板花窗装饰，上面有彩绘，外墙灰塑。厅房坐西北向东南，楼高12米，共3层，硬顶式人字封火墙，面阔15米，进深6.5米，墙体3层砖厚45厘米，门头上头有飘檐，工艺精美。左厢房设有木楼梯上二、三楼。该宅在连山同类建筑中较为雄伟，2011年10月被列为县级不可移动文物。

李家志宅，建于民国后期，坐西北向东南，砖木结构，墙体全部由青砖砌筑，3层楼房通高约12米，建筑独特。主楼正面呈弧形，悬山顶，三开间宽约9米，木板隔层，有木楼梯上二、三楼，副楼为硬山顶，三楼前后设阳台。2011年10月，李家志宅被列

李家新宅及门楼（李凯　摄）

李家志宅（李凯　摄）

为县级不可移动文物。

立于村前的8根旗杆石，为李大熙考取清咸丰辛酉科拔贡生、李方霖考取清光绪乙酉科拔贡生而建造。李大熙曾任定安县教谕，精通医术，为人治病不受酬，被人称道。

旗杆石（李凯　摄）

该村重大节日有农历二月初二，节日前一两天，每家每户便要准备食材；节日当天，制作汤糍、烹制丰富的晚餐迎接客人的光临，客人以“多”为荣、以“众”为好，客人来得越多，主人面上就越有光，从而显得主人家境富裕，人缘良好。客人酒足饭饱临别之际，主人还要送一大包汤糍给客人作“手信”。村民少则设宴两三桌、制作二三十斤糯米汤糍是常事，多则设宴七八桌、制作四五十斤糯米汤糍也不足为奇。

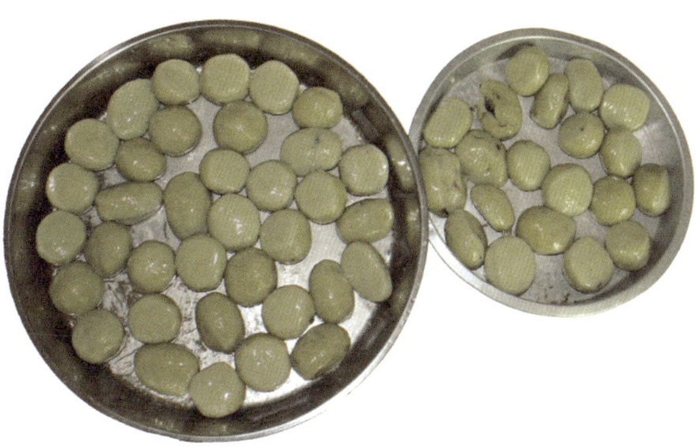

沙坪汤糍以皮薄、馅多、味香、爽口而闻名于乡里（李凯　摄）

（供稿：李凯；复核：植成业）

连山壮族瑶族自治县太保镇

莲塘村

名片

- “大夫第”匾额
- 连山大米
- 莲塘八景
- 莲塘戏

莲塘村村貌（连山史志办供图）

莲塘村，位于太保镇西北部，距镇政府5千米。始建于明朝，相传因村边池塘种植有一片莲花而得名。世居村民为彭姓，属广府民系，通用粤方言连山话。因该村为连山人口最多、从政从文人员较多的村庄，以及曾拥有良田数千亩，故曾被誉为“连山第一大村”。

该村留存有清末建造的青砖瓦房多座，砖木结构，硬山顶，石门框，石窗框，门边、门槛铺设青石条，街道铺石子，屋檐下雕刻有图案，寓意吉祥如意、福寿康宁。彭氏门楼，建于清末，为青砖、红砖混合结构，门前铺青石条，门脚两侧砌石墩，代表性匾额有“大夫第”。村南、村北、村西分别建造门楼（牌坊），并刻有楹联，南

旧民居、青石街（李凯　摄）

彭氏门楼、牌匾（李凯　摄）

门楼楹联为“连映村容四面峰峦兴万代，塘辉屋貌八方昆玉盛千秋”，北门楼楹联为“门吐龙珠水秀莲塘随鱼跃，楼朝雾岭山明茅铺任鹏飞”。

该村文化积淀深厚，村中文人多有诗词留存于世，其中彭镗（清贡生）所作的连山八景诗录“石阁云梯、白沙樵唱、茂古牧歌、峨山晴雪、惠泉飞瀑、连溪垂钓、茅铺寒烟、横水乐耕”，彭永淑（清监生）所作的连山八景诗录“茂古牧歌”，彭永淳（清监生）所作的连山八景诗录“惠泉飞瀑”，彭凤尧所作的连山八景诗录“石阁云梯、白沙樵唱、茂古牧歌、峨山晴雪、惠泉飞瀑、连溪垂钓、茅铺寒烟、横水乐耕”，均收录于民国版《广东连山县志》。

“十年树木百年树人，本寨近处之林乃住场风景攸关，若族中有人盗砍近处林木者除家法外另行赔罚”，此为清光绪十九年（1893年）纂修木刻印版《彭氏族谱》制定的六条族规之一，由此可见莲塘村对教育树人之重视。同时，该村评有“丰嘉远眺、杏堤品骏、溪碓春云、桂池印月、中流汲引、双株垂青、枫林夕照、塘下评畴”八景。村中自评“八景”，堪称连山第一村。

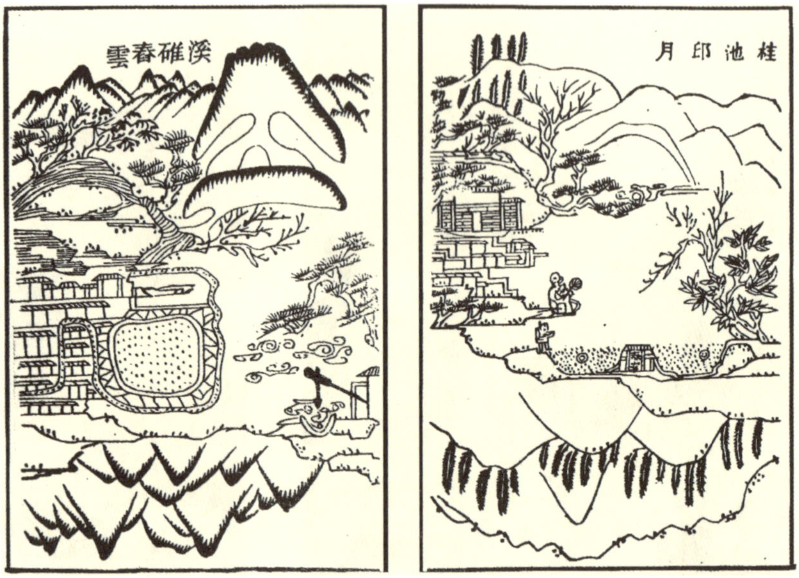

清光绪十九年版《彭氏族谱》记载“莲塘八景”之“溪碓春云”“桂池印月”（李凯　摄）

该村自古崇文重教，人才辈出。时年13岁的彭希商以“百花怎比柏花香”应对学究的“诸肉不如猪肉味”，被人称为神童而入泮，于明嘉靖辛酉科由拔贡授福建永州府教授（七品以上官员）。彭凤尧于大富从教时所著的《警诸生文》，被连山人称为“劝学之辞”。才女彭丽贞所作《梦梨阁》，广为人知。民国时期，彭徽柔获法国巴黎大学法学博士学位，为当时连阳唯一的留洋博士。

村南门楼（李凯　摄）

白果林（李凯　摄）

莲塘特色物产主要有银杏、水稻等。银杏已有数百年的种植历史，村边种植有一片银杏树林，树龄100年以上的有10多棵，其中一棵“白果王”要3人才能合抱。水稻声名远扬，《广东连山县志》（民国版）记载：“香粳、大糯名驰上国，香粳、大糯，清代曾列为朝廷贡品，香粳，民国4年经北洋政府农商部鉴定为全国最优秀的稻种。”其中的香粳、大糯便是当时茅铺（今莲塘等地）所产的水稻品种。

莲塘村有着深厚的历史文化底蕴。1940年，村内成立了莲英剧团，使莲塘戏在全县各地流传，深受民众喜爱。1957年农历十月十六，为庆祝农业合作社第一个丰收年，剧团演出大型粤剧《王佐断臂谙文龙》，吸引连山、阳山、连县的2000多名群众前往观看，盛况空前。2018年，莲塘村组织牵头成立连山龙狮运动协会，除了在全国各地参加表演外，还把莲塘舞狮表演带到海外，并荣获“岭南狮王”等多项荣誉。

（供稿：李凯；复核：植成业）

连山壮族瑶族自治县福堂镇

竹径村

名片

- 舞木猫
- 南朝文物
- 装古事

竹径村一角（李凯　摄）

竹径村，位于福堂镇北部，距镇政府7千米。建于明万历年间，因连山旧县城西至怀集的古驿道从村南经过，驿道两旁长满金黄色的竹子，此段路径便称黄竹径，后来用作村名，简称为竹径村。世居村民有虞、龚、莫、谢、陆5姓，以虞姓人居多；村民有壮族、汉族，壮族为连山支系，使用壮语北部方言连山壮话。

该村存有虞沛之编修的《粤桂虞氏族谱·卷五》手抄本，从连山虞姓五世开始记述。1922年，于清朝考取五品附生的虞承慈被选为县长，广东省省长廖仲恺赠其“司牧第”牌匾，此牌匾现存于县民族博物馆，全文为“广东全省省长廖仲恺为‘司牧第’清附生五品衔孝廉方正，连山署理连山县知事虞承慈民国选举县议员选

连山旧县城西至怀集古驿道经过该村（李凯　摄）

举县长。中华民国癸亥年季秋月浣吉旦立”。

“司牧第”牌匾（连山博物馆供图）

传统民居中有多副条幅、楹联。虞承恩旧居门楣上书“瑞霭门阑”四字，联句为“房高先得月，夏广早逢春”，门两旁有对联“兄友弟恭其中最乐，父慈子孝此外何求”，其他还有“有为能有守，立德可立言”“行有不得反求诸己，加非耻善勿施与人”。

特色技艺舞木猫。表演队有舞狮、猴子、小丑、武术队员，敲打锣、鼓、钹，轮番出场表演。武术队由20人组成，用拳、枪、刀、叉、剑等表演踢、击、冲、刺动作。县内每逢大型节庆活动必有舞木猫表演。2009年，舞木猫狮被列入清远市第二批市级非物质文化遗产代表作名录，传承人虞与高、虞泽和。

传统民俗装古事（虞日胜　摄）

传统民俗装古事。1950年冬举行的大型装古事活动，是当地有史以来最大的民间文艺游演活动，有100多人参加，首次采用手电光装饰蛙眼、蚌珠，游演队伍向南经花罗、韦屋、肖洞、福堂圩至太平洞再折转荣贵、班瓦等村寨，通宵达旦才回到村中，热闹非凡。此后该活动不定期举行。2011年，装古事被列入清远市第三批市级非物质文化遗产代表作名录。

南朝六耳莲花陶罐（连山博物馆供图）

2000年，该村出土了南朝陶罐、陶碗、陶杯、陶壶、铁剑等文物数十件，其中六耳莲花陶罐被列为县三级文物，为研究连山壮族先民的地域分布提供了依据。

（供稿：李凯；复核：植成业）

连山壮族瑶族自治县福堂镇

班瓦村

名片

- 莫瑞镒故居
- 莫氏宗祠
- 莫瑞锳故居
- 莫朝玉将军墓

班瓦村牌坊（李凯　摄）

班瓦村，位于福堂镇中部，属新联行政村，距镇政府4千米，始建于明万历十一年（1583年）。班瓦是连山壮族最早用瓦盖屋的村寨，“班”在壮话里是“村寨”的意思，“瓦”是壮话新借词，合起来便是“瓦屋的村寨”（壮话词序是倒装的）。世居村民为莫姓，属壮族连山支系，使用壮语北部方言连山壮话。

传统民居为壮族民居。莫瑞镒故居，始建于清末，坐东向西，门楼向北，砖木结构，硬山顶，人字封火山墙，二进二井院落式布局，三开间，面阔12.7米，进深21米，占地面积270平方米；素石门枕，门枕石间置门槛，木制门框，内置木柱石础屏门；正厅明间设有神台，供奉莫氏先人。莫瑞镤故居，始建于清末，坐东向西，砖木结构，青砖墙，悬山顶，龙船脊，三进四廊二天井布局，三开间，面阔12米，进深30米，占地面积360平方米，门头设三步廊，天井用花岗石铺砌，室内花窗雕饰精美，建筑规模在连山实属少见，具有典型的客家建筑艺术风格。莫瑞镗故居，始建于清末，坐东向西，砖木结构，悬山顶，龙船脊，三进四廊二天井布局，三开间，面阔12米，进深28米，占地面积340平方米，天井用花岗石铺砌，室内雕精美花窗，木梁素石门枕，门枕石间置门槛，木制门框，门头上有飘檐，厅内置木柱石础屏门；正厅明间设有神台，供奉莫氏先人。此3座民居均为县级不可移动文物。

莫瑞镗旧居（李凯　摄）

门楼（李凯　摄）

现存莫瑞镤门楼1座和石牌坊1座。石牌坊，建于清宣统元年（1909），1985年重修。

位于村西北侧的莫氏宗祠，始建于清乾隆六年（1741），清道光十二年（1832）重修，20世纪60年代被毁，2015年重建，占地面积450平方米。大门有对联“宗承巨鹿千秋盛，祠建鳌山万代兴”。

莫朝玉将军墓，位于村西北鳌鱼岭。明隆庆二年（1568）竖刻墓碑，墓额为“功

莫氏宗祠 （李凯　摄）

垂义感”，墓联为“发绩鹰扬功昭明代，贻谋燕翼德裕后昆”，清道光七年（1827）重修。清道光十年（1830）任连山绥瑶直隶厅同知的蔡天培为武略将军祠撰联“边圉绕烽烟，幸有奇勋垂往代；孤城靖旭日，惜无善政负兹乡”。1990年10月，该墓被公布为县级文物保护单位。

莫朝玉，字翠峰，子孙尊称“公孟老客”（壮语“当官的老祖宗”之意），别姓民众称其为“莫将军”。因其治理地方有功，剿贼荡寇，明嘉靖四十年（1561）被敕封为武略将军。莫朝玉用赏银购置大批田地分给宜善九村百姓耕种，百姓感其恩德，在永丰司城村、班瓦村、小三江圩建武略将军祠（俗称莫公殿）。《广东省志·人物志》《广东连山县志·人物耆老传》均有莫朝玉传。

2021年11月，举办纪念莫朝玉将军诞生512周年活动（贤素宁　摄）

（供稿：李凯；复核：植成业）

连山壮族瑶族自治县福堂镇

新屋村

名片

- 杨愈将
- 杨愈将故居
- 广东省文物保护单位

新屋村村貌（周学飞　摄）

新屋村，位于福堂镇西部，属新溪行政村，距镇政府3千米。清道光二十五年（1845），杨愈将、杨愈军兄弟由肖洞三房村迁到现址建厅堂、围屋，形成村落。该村坐落于肖溪水东岸，依山傍水，称新屋村，原居住地称旧屋村。世居村民为杨姓，有汉族和壮族，汉族为客家民系，壮族为连山支系，使用客家方言。

传统民居为壮族民居，现存杨愈将厅堂、杨愈军厅堂各1座，2013年重修。该村有门楼3个，2011年重修，首座门楼悬挂“乡进士第”牌匾，二进门楼悬挂“游击第”牌匾，为杨愈将于清咸丰二年（1852）所立。厅堂有对联“念先人型式

杨愈将故居二进门悬挂的“游击第”牌匾（连山史志办供图）

庄严兄友弟恭克绍衔鳣世德，期后裔诗书砥砺父慈子孝相承饲崔家风”。

杨愈将故居，坐东向西，砖木结构，悬山顶，龙船脊，四角飞檐，三进二井布局，面阔13米，进深24米，总占地面积320平方米，由门厅、正厅、堂厅及两侧厢房组成宅院，三厅均为七开间单檐平屋，厢房为三开间宅屋，堂厅脊檐为双梁，下梁雕有精美图案，花岗岩石台基。2010年，杨愈将故居被公布为第三批县级文物保护单位；2022年7月23日，被列为第十批广东省文物保护单位（近现代重要史迹及代表性建筑）。

杨愈将（1792—1853），又名汝就，出生于中央寨村，后迁居新屋村，自幼喜习武，16岁考取武生，30岁考取武举人，31岁进京会试，以营把总（清九品武官）录用，后逐年升迁，任永安营都司。1841年1月，英国侵略军蓄意发动沙角之战。面对敌军的坚船利炮，时任广东陆路提标左营守备的杨愈将率兵奋勇抗击，身受重伤，是鸦片战争博物馆海战纪念馆记录在册的抗英英雄。

杨愈将用于练武的石墩，重量为15千克到60千克不等，每个石墩两边凿有凹槽，供人把持挥舞（杨年滔　摄）

杨愈将故居（周学飞　摄）

（供稿：杨多彩；复核：植成业）

连山壮族瑶族自治县小三江镇

大获村

名片

- 清朝祖堂
- 舞龟鹿鹤
- 古庙凉亭
- 装古事

大获村村貌（韦书贵　摄）

大获村，位于小三江镇南部，属三才行政村，距镇政府约4.4 千米。始建于明嘉靖年间，韦辅贤从怀集苏奉水口迁此立寨。据传选村址时，因此地开阔，可用大铁锅煮饭，寓意人丁兴旺，“锅”与“镬”字同义，故取名大镬村，后笔误写成大获村。清康熙初期，分上、下两寨，村西为大获上寨，后称上大获村；村东为大获下寨，后称下大获村。

村中有韦甲瑞祖堂、韦国英祖堂、韦新瑞祖堂，均始建于清朝；卢氏祖堂、江氏祖堂，建于20世纪50年代；韦氏门楼，建于20世纪70年代；清光绪十年（1884）“进士”匾额1块，现存于韦国英祖堂。

古庙凉亭，清同治年间由大获村韦姓族人和加平植屋村植姓族人捐资在太保旧县城西至广西怀集古驿道上共建，位于村南的县道X411线约19千米处，坐南向北，以8

古庙凉亭（唐自辉　摄）

2022年修复后的古庙凉亭（吴小龙　摄）

舞龟鹿鹤（王流军　摄）

根长3.5米、直径0.3米的花岗岩石为支柱，内圈、外圈各4根，呈“回”字形，占地面积约24平方米，歇山顶砖木瓦结构，石柱正面刻有3副楹联：“庙有灵而沛泽，亭无面不当山”“庙对山巅朝来如象笏，亭临水口涌起若罗星”“古庙英灵光宇宙，孤亭气势镇东南”。该凉亭是连山保存下来的唯一古驿亭，2014年被列为连山县不可移动文物。

大获村上、下两寨同姓同宗，下寨讲壮话，上寨讲连山话。据村中韦氏族谱记载，上寨始迁祖韦可佩是武庠生，年轻时被征调到太保旧城县衙任职，娶连山北部汉区黄氏，生3子。韦可佩忙于公务，教育孩子全由讲连山话的黄氏负责，故孩子长大成人后只会连山话，不会壮话，语言习惯一时难改，后裔也一直沿用。

流传于该村的舞龟鹿鹤，是集演唱、舞蹈表演于一体的艺术形式。舞龟鹿鹤的道具由竹篾编织而成，糊裱各种色纸，装置各种机关。9人分别扮演寿星公、灵

“市级非物质文化遗产”牌匾（杨艳丽　摄）

童、玉女、金龟（1只）、仙鹿（1只）、仙鹤（2只），寿星公引路出场表演，模拟各种动物神态。乐器有竹梆、鼓、小钹、大钹、狮锣等。2009年4月，舞龟鹿鹤被列入清远市第二批市级非物质文化遗产代表作名录。

装古事，一般在春节至元宵节期间举行，参加人员多时有100人，通常扮成《三国演义》《水浒传》《西游记》《天仙配》《梁祝》中的故事人物，配以圆形、方形、菱形等各种花灯照明，打锣鼓、舞狮子助兴。

装古事巡游队伍（莫雄芳　摄）

（供稿：杨多彩；复核：植成业）

连南

历史文化村

连南瑶族自治县三排镇

南岗古排村

名片

- 千年瑶寨
- 广东十大最美古村落
- 中国历史文化名村
- 瑶王屋
- 广东省历史文化名村
- 南岗古庙
- 广东省休闲农业与乡村旅游示范点

南岗古排村村貌（杨玉祥　摄）

南岗古排村，即南岗千年瑶寨景区，位于三排镇南岗村，距镇政府约15千米。该村始建于宋代，已有1000余年历史。据中央民族大学专家考证，南岗古排村是全国乃至全世界规模最大、最古老、最具特色的瑶寨，被誉为“中国瑶族第一寨”。20世纪50年代，世界著名乐曲《瑶族舞曲》就创作于此。该村于2007年11月被列为广东省文物保护单位，2008年1月被列为广东省首批历史文化名村，2008年12月被评为中国历史文化名村，2012年11月被评为“广东十大最美古村落”，2012年12月被评为第一批

美丽的古寨（三排镇政府供图）

中国传统村落，2014年6月被评为广东省休闲农业与乡村旅游示范点，2014年12月被评为国家AAAA级旅游景区，2019年入选2018—2020年度“中国民间文化艺术之乡”名单。

古寨依山而建，房屋层叠，错落有致；石板道纵横交错，主次分明。原为大分散、小聚居布局，明末清初发展至鼎盛时期，形成现有集中式的村落格局。鼎盛时期建有颇具特色的青砖瓦房700多栋，共1000多户7000多人，是连南瑶族聚居的首领排。至今，古寨仍保留300多栋历史建筑，还有部分明清时期的寨门、寨墙、石板道、石棺墓葬以及较为原始的瑶族引水工具竹水笕等历史遗迹和文物。民居基本上是两层砖木结构，均用青砖构筑，厚黑瓦盖顶，大部分有前廊，其中以“瑶王屋”为代表。

古寨风光（三排镇政府供图）

瑶王屋。瑶王是南岗排的最高首领，掌管山寨内各项事务，处理各种纠纷，维护社会秩序，负责对外交涉等。瑶王在瑶民中有崇高的威望，如遇矛盾纠纷，大家都须遵从瑶王的裁决。现在的瑶王屋是最后一个瑶王邓买尾八公的住处。

瑶王屋（杨玉祥　摄）

歌堂坪，是过去南岗古排村村民的活动中心，山寨凡举行重大活动，如召开全排瑶民大会、按“习惯法”处理犯事者、“挨大堂”、过州（排瑶的一种宗教活动）、耍歌堂、“游神”等，都在这里举行。逢年过节，这里又是瑶民打铜锣、吹牛角、唱瑶歌、跳长鼓舞等尽情欢乐的地方，故称为“歌堂坪”。耍歌堂形成于宋朝，以祖庙为单位，三至五年举行一次，多选择农历十月十六前后的吉日举行，这时秋收已完毕，村民较空闲。耍歌堂一方面是宗教活动，另一方面也是群众性庆祝丰收的节日。

南岗古庙，建在瑶寨山顶，从中门直至古庙，传说是瑶寨的龙脉走向。古庙建在“龙头”，可以保佑全寨瑶民平平安安、事事顺心、五谷丰登。南岗古庙供奉盘古王和盘古王婆。

歌堂坪（杨玉祥　摄）

南岗古庙（杨玉祥　摄）

瑶族长鼓舞（三排镇政府供图）

该村民间技艺长鼓舞，形成于宋朝。长鼓舞舞蹈动作原有72套，现保留36套。表演者进行表演时，做行、跑、跳、蹲、挫、旋转、俯冲以及顶、斗、周旋等动作，刚劲有力，时而腾空跃起，时而蹲地盘行，时而像猛虎出山，时而似蛟龙戏海， 整套舞蹈动作粗犷、勇猛、豪放、雄劲、洒脱，妙趣横生地显示出瑶家人矫健勇猛的性格，惟妙惟肖地展示出瑶族人民勤劳勇敢、追求光明的精神品质。

出歌堂（三排镇政府供图）

南岗古排村拓展介绍　　瑶族扎染技艺介绍

（供稿：三排镇政府；复核：连南瑶族自治县史志办）

连南瑶族自治县三排镇

油岭老排村

名片

- 中国民间艺术之乡
- 广东省古村落
- 中国少数民族特色村
- 明清古建筑
- 中国传统村落
- 古石板巷
- 国家森林乡村
- 盘古王庙
- 广东省文化和旅游特色村

油岭老排村村貌（杨玉祥　摄）

油岭老排村，位于三排镇，距镇政府约12千米。老排村始建于唐末，于宋代扩建，明清时期达到鼎盛，最多时有房屋近900幢，1300多户5000多人，素有“千户瑶寨”之称。该村于2006年被评为“中国民间艺术之乡”，2012年被评为广东省古村落，2013年被命名为首批中国少数民族特色村，2014年11月被认定为第三批中国传统村落。2015年12月，油岭村瑶族民居群入选广东省第八批文物保护单位。2018年，油岭瑶寨被《中国国家地理》杂志和广东省旅游局联合评选为“广东100个最美观景拍摄点”。2019年，油岭村被授予“国家森林乡村”称号；2021年被公布为广东省文化和旅游特色村；2021年入选广东省十大摄影目的地。

明清古建筑。古寨民居层层叠叠，错落有致，房屋多为青砖黑瓦房、吊脚楼，少数为青砖杉树皮屋。现存传统民居386座，多建于明清时期。代表性民居有唐姓公屋等22栋，建于明代，每间占地面积30多平方米，单进青砖瓦面翘角墙，保存完好，现仍有村民居住。从2015 年开始，县政府对油岭古寨古建筑群开展修复保护工作，为保护、挖掘、弘扬古村落文化奠定了坚实的基础。

晨曦中的老排村（三排镇政府供图）

美丽的瑶寨（三排镇政府供图）

明清时期古建筑（杨玉祥　摄）

古石板巷。宋代及明清时期，为方便村内居民生产生活和统一抵抗土匪及官兵的抢劫、骚扰，油岭瑶寨开辟了三条石板路主干道，小的石板巷道纵横交错，将家家户户连接起来。现仍保存有部分宋代的石板巷。

盘古王庙。瑶族把盘古王奉为开天辟地的始祖，排瑶称其为盘古王公，其妻被

建于宋代的石板巷（三排镇政府供图）

称为盘古王婆。以农历七月初七为盘古王诞，十月十六为盘古王婆诞。宋代，油岭瑶民在山寨顶上建有盘王庙，庙中厅奉有木雕的盘古王夫妇像和各房姓的祖先像36个，设有掌庙公和烧香公管理处。此庙在1958年时被毁，2009年被修复。

以油岭为代表的瑶族“耍歌堂”、长鼓舞2个国家级非物质文化遗产享誉海内外。耍歌堂于2006年被列入国家级非物质文化遗产名录。瑶族长鼓舞于2008年被列入国家级非物质文化遗产名录。

重修后的盘古王庙（唐红英　摄）

耍歌堂——过九洲（三排镇政府供图）

（供稿：三排镇政府；复核：连南瑶族自治县史志办）

连南瑶族自治县三排镇

三排老寨

名片

•中国民间艺术之乡 •中国传统村落

三排老寨村貌（连南瑶族自治县史志办供图）

三排老寨，位于三排镇西南部，距镇政府约8千米，占地面积3.1平方千米。老寨始建于唐末宋初，因八排瑶祖居地涡水旺埂村发生瘟疫，瑶民先后迁至此地建寨定居。排瑶语称“古寨”为“老排”，故取名老排；后改名为三排老寨。特色老房子为泥土夯墙、瓦顶房，共有76间，其中完好的有38间。该村于2006年8月被评为“中国民间艺术之乡”，2012年12月被评定为第一批中国传统村落。

现存古建筑有盘古王庙，始建于明朝，2006年重建，供奉盘古王夫妇、护法及盘、李、房、唐姓始祖，主要供盘古王节和“耍歌堂”时祭祀用。

三排老寨内有参天古树100多棵；最高峰为老君山，海拔700多米；西望油岭古

远眺古寨（连南瑶族自治县史志办供图）

寨，北观县城，东看阳山古镇，南瞧千年瑶寨，站在高处远眺，千山叠嶂，群峰竞秀，一览众山小，气象万千，风景如画，是摄影爱好者的向往之地，有着丰富的旅游资源和体验场所。20世纪90年代初，三排老寨成为连南第一个开发旅游项目的老村寨，年接待游客3万人次以上，在海内外具有一定的知名度。

三排老寨石板巷道（盘鹃　摄）

三排老寨风景（连南瑶族自治县史志办供图）

（供稿：三排镇政府；复核：连南瑶族自治县史志办）

连南瑶族自治县大坪镇

大掌村

名片

- 中国传统村落
- 连南瑶族自治县民族特色村
- 连南瑶排梯田国家湿地公园

大掌老排村貌（房志荣　摄）

大掌村，位于连南瑶族自治县县城西南部，距县城23千米，是连南八排之一。该村初步形成于唐代初期，先人从湖南道县、洞庭湖等地迁至此地；宋代，唐姓、邓姓从连南涡水迁至大掌排，部分唐姓瑶民从连南三排油岭迁至此地，至今已有1000余年历史。大掌，瑶语即“老鹰”，因坐落的山峰上有一形似老鹰的巨石而得名。2016年12月，该村被评定为第四批中国传统村落。

古寨坐西南向东北，地势险峻。据《广东连南瑶族自治县概况》记载，大掌老排保存有部分明清时期修建的古民居，以青砖、泥砖、青瓦等建筑材料建成，层层叠叠，错落有致，沿着主山脉依山而建，如腾龙入海，蜿蜒起伏，颇为壮观。现存清唐讲倒公老屋、清邓争比公老屋等房屋93间，以及民

银装素裹的大掌老寨（房翔龙　摄）

国时期大掌邓氏谷仓、石板道、粮仓、石砌水池。大掌老排是连南保存最完整、最古老、最有历史价值的瑶族古村落之一，被国家古村落专家誉为中国的“马丘比丘”。

连南瑶排梯田国家湿地公园，包括大掌老排、梯田、天堂山、天堂湖等。天堂山位于大掌老排上，海拔约1000米。山上有一个天然湖泊，像一颗蓝宝石镶嵌在山间，被誉为“天堂湖”。这里是一片天然的湿地，湖边的山坡上生长着杜鹃花，每当花季来临之际，天堂湖便置于花海中，绽放的杜鹃花像一条鲜艳的彩带紧紧围绕着湖泊，美不胜收，因此，这里也是摄影、美术创作、旅游观光、夏季休闲避暑的胜地。目前，通往天堂山的公路已经全面开通，路面硬底化、停车场建设以及湿地公园项目建设已全部完成。2017年，连南瑶排梯田成功申报为国家级湿地公园。

美丽的天堂山风景（大坪镇供图）

连南瑶排梯田国家湿地公园（房志荣　摄）

大掌老排位于海拔800多米的高山之上，千年之前，瑶族先辈们就开始开山造田，数千级梯田从村寨一直延伸到幽深的山谷里，水、山、云、天和村寨相连接，组成一幅壮丽的天然图画。每年春分，一片片注水的梯田依山形流转，错落有致，如宝石般银光灼眼。秋收季节，展示在眼前的是一片金黄的世界，梯田如行云流水般一层一层向远方伸展，幻化出一种极致的美，吸引省内外众多摄影爱好者前来游玩观光，拍摄创作。

（供稿：房童灵；复核：连南瑶族自治县史志办）

大掌美丽的梯田风光（赖文锋　摄）

大掌村拓展介绍

连南瑶族自治县三江镇

联红古村

名片

- 特色村
- 明清民居
- 古门楼
- 石泉山遗址

联红古村村貌（连南瑶族自治县史志办供图）

联红古村，是寨脚村和香花村的统称，始建于宋末，位于三江镇东北部的石泉山脚下，距县政府约1千米。2017年，该村被评为清远市美丽乡村特色村。

城上村门楼（三江镇政府供图）

该村现保存较好的古建筑有门楼3座：城上村门楼、中和里门楼、桂林坊门楼。其中，城上村门楼始建于明朝，清道光二十一年（1841）重修，门楼分上、下两层，左右与高4米多的村墙相连，坐南向北，面阔4.5米，进

中和里门楼（三江镇政府供图）

深6.1米，建筑面积 27.5平方米，硬山顶，正脊为板瓦叠置，人字封火山墙，拱门上方刻有“城上村”。门楼有两个出口，分别设在门楼前后，是进村的入口。旧时楼内悬挂一口大钟，村民利用它传递防御、反击等信号。门楼内刻有清道光年间的碑文。

桂林坊门楼，清道光年间该村禤士元进士及第，故取“蟾宫折桂”之意建此门楼。门楼坐南向北，长6米，宽4米，高约5米，为青砖瓦悬山顶结构。门洞里侧至今仍有两扇高2.9米、宽1米、厚7厘米的大木门。

联红古村古民居建于明清至民国时期，青砖黛瓦，古朴厚重。村内尚有罗屋巷、东鼎巷遗址。村中主干道用青石板铺设，与青砖古民居浑然一体。

明清民居通常为一进三开间，正面为平立面，4个檐角略微翘起。大门框下方有直径为35厘米左右的石墩支撑。门框上方的挡板嵌有两个木柱，木柱穿过挡板楔进门后的大门轴凹槽木方。

修缮后的桂林坊门楼（三江镇政府供图）

清代建筑民居（三江镇政府供图）

大门框上方有梁架，梁架上方是门楣。屋内靠近大门一侧是30多厘米深的“天井”，“天井”后方就是大厅，大厅前约2米处各立一根木柱。大厅两侧是厨房或卧室，卧室近3米高处用木条、木板分隔为上、下两层。

清代建筑民居遗址一（三江镇政府供图）

清代建筑民居遗址二（三江镇政府供图）

村中有石泉山遗址。石泉山因远看似一只大猫，也称猫公山（又称伏兔山），“伏兔春荫”为连南著名八景之一。山上的地面遗物非常丰富，遗址占地面积约3000平方米。已采集的石器有石斧、有肩石锛、石镞、石凿、石磨轮、石环、砺石，陶器有斗、瓮、罐、碗、陶纺轮，属新石器晚期的文物。印纹硬陶饰纹有回字纹、方格纹、夔纹、菱形纹、云雷纹等。2006年5月，连南瑶族自治县人民政府将石泉山遗址列为县级文物保护单位。

“伏兔春荫”（三江镇政府供图）

（供稿：三江镇政府；复核：连南瑶族自治县史志办）

连南瑶族自治县三江镇

瓦角冲村

名片

•特色村 •竹编

•瑶绣

新建成的瓦角冲村村貌（三江镇乡村振兴办供图）

瓦角冲村，位于三江镇西北部，距镇政府约8千米。始建于清康熙年间，因山寨建在形似瓦角的大长坑冲而取名瓦角冲村。该村于2019年被评为清远市美丽乡村特色村。

瓦角冲村传统民居为两房一厅布局的瑶家吊脚楼。房屋分为上、下两部分，下层多为猪、牛等牲畜棚或用作储存柴草或堆放农具与杂物的地方；上层为主人居住的地方，四周伸出挑廊，人们可在挑廊里活动或休息，廊下全靠木梁支撑，外边悬吊半空。由于移民政策的实施，瓦角冲村老排村民于1996年陆续迁至新移民村居住，加之雨淋日晒，年久失修，现吊脚楼已不存在。

美丽的瓦角冲村老寨（房伍军　摄）

1948年，在沈一公的带领下，瓦

角冲村村民冲破国民党颁布的“通共者杀，庇共者杀”禁令，大力支持连江支队属下的杨青山武工队在瑶区开展革命活动，为武工队指战员带路、送信、掩护，直至连南解放。

沈一公铜像（三江镇金坑村供图）

瓦角冲村特色工艺品有瑶绣、竹编。连南瑶族民间有句俗语“沙瑶妹（少女）爱绣花，不会绣花找不到婆家”，可见刺绣是瑶族妇女特有的一种传统手艺，具有独特的民族特色。挑花刺绣是通过叠加、去减等方法，绣出各种自然景象和动物形象，如日、月、山、河流等图纹，以及鱼纹、牛角纹、龙角花纹、松树纹、马头纹、小鸟纹等，还有象征皇权的盘王印等图案。瑶绣品种有女绣花头巾、绣花头帕、绣花衣、绣花裙、绣花脚绑、男绣花头巾、绣花披肩、绣花衣领、绣花襟边、绣花腰带、绣花挂袋、儿童绣花帽、儿童绣花衣裤等20多种。竹编多是生活用品，成品有箩筐、簸箕、桌盖、刀套、篮子、筛子等。2009年，瑶族服饰刺绣被列入省级非物质文化遗产名录。

非物质文化遗产——刺绣（县博物馆供图）

（供稿：三江镇政府；复核：连南瑶族自治县史志办）

瓦角冲村拓展介绍

连南瑶族自治县涡水镇

马头冲老寨村

名片

- 特色村
- 枫树林
- 古茶树

秋日马头冲老寨村（连南瑶族自治县史志办供图）

马头冲老寨村，位于涡水镇东南部，距县城28千米，村域面积2.05平方千米。老寨始建于明末，沈姓、盘姓先祖分别从军寮、南岗迁至此地。2020年，该村被评为清远市美丽乡村特色村。

传统民居为两房一厅瑶家吊脚楼房，杉木框架，泥砖砌墙，屋顶盖瓦，冬暖夏凉，现存8座，均保存完好。

村路建于海拔800多米的高寒山区，地势陡峭，全村房屋依山而建，呈阶梯形，远远望去，就像一座悬在半山腰上的丘比特城堡，在阳光照耀下格外显眼。百年古枫树、野生古茶树遍布山间。

俯瞰马头冲老寨（涡水镇政府供图）

马头冲老寨村土壤肥沃、水源充足，且昼夜温差大，常年云雾缭绕，为茶树提供了良好的生长环境，拥有老茶树1000多棵，其中古茶树占三分之一，树龄最小的超过60年，树龄最大的有300多年，树龄超过100年的老茶树有600多棵，是全县拥有老茶树和古茶树最多的村落，被命名为“古茶树群落”并受到保护。

全村有古枫树300多棵，在村庄周边呈弧形分布。进入冬天，枫叶从翠绿变成绯红，景致愈发美丽迷人，犹如一幅多彩的山水画。

采摘大叶茶叶（涡水镇政府供图）

冬日枫树林（连南瑶族自治县史志办供图）

（供稿：涡水镇政府；复核：连南瑶族自治县史志办）

连南瑶族自治县寨岗镇

唐屋村

名片

- 特色村
- 宗祠
- 崖鹰石

唐屋村村貌（连南瑶族自治县史志办供图）

唐屋村，位于寨岗镇东南部，距镇政府约15千米。该村始建于清嘉庆五年（1800），至今已有200多年历史。因全村村民均为唐姓而取名唐屋村，也曾因有崖鹰石的神话传说而取名崖鹰石村。2018年，该村被评为清远市美丽乡村特色村。

唐屋村自古有崖鹰石的传说。在村南河边一块巨石面上，有一体积约1.5立方米的石头，形状如老鹰，相传小儿可以摆弄使其旋转，但勇夫数人却不能把石头推到大石块下面的地上。后人把此石称为崖鹰石，唐屋村也因此曾被称为崖鹰石村，今崖鹰石尚存。崖鹰石为连阳地区的名石，在《阳山县志》和《寨岗镇志》中均有记载。

村中有宗祠2座，一座为效兰唐公祠，另一座为乾海唐公祠。效兰唐公祠又称晋阳

崖鹰石（寨岗镇政府供图）

堂，大约建于清嘉庆十五年（1810），占地面积约220平方米，祠堂一栋三间上下厅，中间天井两边廊，历代均进行修葺，三川脊式屋顶，黄泥砖砌墙体。祠堂内设神龛，供奉唐氏祖先。乾海唐公祠，建于清道光年间，2012年重修，建筑面积约160平方米。乾海公是效兰公的第三代孙，因其膝下子孙繁荣昌盛，故另立此祠。乾海唐公祠顶梁硬山脊上有一对双龙戏珠陶塑，屋面为黄琉璃瓦滴水剪边，四角飞檐。

效兰唐公祠（寨岗镇政府供图）

乾海唐公祠（寨岗镇政府供图）

唐屋村拓展介绍

（供稿：寨岗镇政府；复核：连南瑶族自治县史志办）

清远历史文化村

阳山

历史文化村

阳山县青莲镇

青莲村

名片

- 广东省古村落
- 尚书祠
- 广州会馆
- 青莲粤曲
- 沙市古街

青莲村村貌（许明辉 摄）

青莲村，位于青莲镇圩镇中心，始建于汉代，古往今来都是青莲镇的经济、文化中心。秦汉时期，青莲镇开拓了秦汉古驿道，作为阳山关重要通道。青莲村有秦汉古驿道、汉代通津古码头、宋代沙市古街、明清广州会馆等，古建筑、古街道保留完整，水上商业繁荣时期更有“小佛山”之美誉。2021年，青莲村被评定为第七批广东省古村落。

沙市古街（现名前进路），是青莲古代最早的街道。在青莲水运商业经济繁荣鼎盛时期，沙市街是商客云集的贸易集散地。古街至今仍保留有完整的骑楼商铺古建

尚书祠（青莲镇政府供图）

筑，延续着古街独特的魅力，极具中国古典风格。

尚书祠是阳山县内连江沿岸墟埠最大的祠庙，供奉阳山杰出历史人物何昌期、李玉珪2位尚书。该祠于明正统年间重修，现存具有重要历史价值的3方明清时期古碑，分别是明嘉靖三十七年（1558）的“重建青莲尚书祠记”碑、清康熙五十三年（1714）的“重修青莲古庙记”碑、清乾隆十三年（1748）的“重修本祠贤像记”碑。

广州会馆，1948年由往来青莲的外地商人集资兴建，是当时商家贸易汇聚的驿站；1968年用作青莲人民公社办公场所，至今保存完好。该会馆建筑面积703.9平方米，门前两边各有狮子1座（已散失），门口有石条步梯，石门槛、石门砧，木门，门楣“广州会馆”石刻浮雕美

广州会馆（青莲镇政府供图）

观大方。入门两边为开口厅。入内正中为前、后天井，均用花岗岩石块、石砖镶砌。会馆存有一块保存较完整的青石牌匾，从左到右写着“广州会馆”，笔力雄劲圆厚，至今约有200年历史。为了更好地传播青莲民俗文化，会馆现已改造成为青莲民俗文化展览馆，设有展览墙、展览室，用来收藏和展出青莲历史文物、乡土人情、摄影作品等，成为青莲镇民俗文化挖掘和传承的示范点。

青莲粤曲文化历史悠久，清末民初已在街巷流行唱曲。青莲在很早前就建有粤曲社，在沙市街（现前进路）、新街尾各有一家粤曲社，社内戏剧服装和二胡、洋琴、锣鼓、铜锣钹、文锣、碟子等唱戏乐器齐全。粤曲社定期在原电影院附近的戏棚进行表演。清末民初，还有唱曲人由连江水道乘舟到青莲演出，演出剧目多为江湖十八本，而开台戏则为《八仙贺寿》《六国封相》。20世纪50年代主要粤曲节目有《大闹黄花山》《社长的女儿》《争儿记》《刘阿鼠》《五郎救弟》等。

（供稿、复核：阳山县史志办）

青莲村拓展介绍

阳山县杜步镇

旱坑村

名片

- 元成公祠
- 凤舞传承地
- 镇龙祠

旱坑村村貌（许明辉　摄）

旱坑村，位于杜步镇西部，距镇政府约2千米。邓姓族人于明隆庆元年（1567）从太平杏棠村迁至此地居住而形成村落，因经常遭遇干旱，坑圳缺水而取名为旱坑村。

村中现存元成公祠，始建于明万历年间，民国时期重建，三开间二进深一天井布局，后来第一进改成邓氏书院。宗祠于1972年重修，占地面积150平方米，砖木结构，灰瓦覆顶，琉璃瓦剪边。

元成公祠（李学森　摄）

镇龙祠，始建于明代，2007年重建。当地居民每年春节、清明节、农历十月十五到此参加祭祀活动。有时村民自行选定祭祀时间，如给小孩“破六甲”就择用农历五月初五。

村中盛行凤舞，凤舞又名双凤舞，形

邓氏书院（朱志平　摄）

镇龙祠（梁顺达　摄）

成于清同治年间，源自肇庆怀集。据传授人邓介讲述，明万历二十年（1592）邓姓祖籍肇庆怀集已有舞凤习俗。清咸丰十一年（1861），邓介的祖父迁居旱坑村，凤舞便随之传入，自传入至今已有150多年的历史。凤舞一般在喜庆节日时进行，表演以道具为主，用打击乐伴奏，加唢呐（代替牧童土笛）吹奏引子及过门。凤舞的角色分别有引凤人、舞凤人、扛旗人及乐师。由引凤人手持木盒，引领双凤上场，凤随着锣鼓节奏起舞，时而引颈长鸣、飞扑跳跃，时而交颈扫羽、妙舞相嬉，栩栩如生。凤舞的传承有家族传承和师徒传承两种方式，采用口传身授，至今传承良好。2007年6月，该村凤舞被列入第二批广东省非物质文化遗产名录。

广东省非物质文化遗产“双凤舞”祈福（罗燕颜　摄）

（供稿、复核：阳山县史志办）

阳山县七拱镇

莫屋村

名片

- 广东省传统村落
- 进士门楼
- 莫氏镬耳楼
- 明朝古井
- 贡元门楼
- 莫氏宗祠

莫屋村村貌（许明辉　摄）

莫屋村，位于七拱镇西部，距镇政府1千米。该村始建于明宣德七年（1432），莫姓先祖莫秀发由七拱镇大塘村分支迁至此地定居。2015年，莫屋村被评定为第一批广东省传统村落。

该村最著名的传统建筑为莫氏镬耳楼，占地面积5191平方米，总面阔72米，总进深73米。硬山顶，龙船脊，镬耳山墙，房屋错落有序，由南向北呈长方形。由四路16栋南北纵向屋宇、3栋三层楼和四周围墙构成，颇具规模。栋与栋之间的巷道用青石块或麻石块铺成，房屋结构布局基本完整，所有屋墙都是青砖到顶，而屋顶则全部用绿琉璃瓦铺盖。屋内客厅与天井相连，两边厢房以花窗屏风与天井相隔，墙上壁画与地面绿色植物相映。

莫氏镬耳楼分为上屋和下屋，由莫作凡父子所建。下屋由父亲莫作凡所建，广二路五进一围布局。现存围屋由二门楼和多间房组成，其中贡元门楼连接左六间右四间房，门楼凹门斗式门面，三步门廊，单间进深15架，门额悬挂“贡元”门匾，花岗石砌筑五级台阶，如意垂带石，台阶前有半月形装饰性台基；围内民居平面以二路五进三间两廊组成，镬耳山墙，凹门斗式门面，二步门廊；主座房门向两廊敞开，两廊窗上饰有砖雕“福在眼前”吉祥图案，厅前设隔扇。房屋高大，所用砖块全部由工人磨平磨滑，屋内地面也铺一式青砖，屋外巷道铺砌花岗岩石条。上屋由儿子莫如龙所建，广二路三进一围布局。进士门楼凹门斗式门面，三步门廊，单间进深15架，门额悬挂“进士”门匾；青石砌筑五级台阶。二路三进民居中前二进平面以三间两廊为主；第三进左路已毁，右路为三开间二层民国建筑。民居现尚存清嘉庆十八年（1813）的“竹苞松茂”匾额。巷道铺砌青石条。上、下屋的设计和布局完全相同。巷道尽头3栋大楼亦为莫如龙所建。2012年，莫屋民居被阳山县人民政府公布为不可移动文物。

镬耳山墙（许明辉　摄）

上屋南门和下屋南门均叫“国魁”门，上屋西门叫“进士”门；下屋除叫“国魁”门

莫屋贡元门楼（李学森　摄）

莫氏宗祠（许明辉　摄）

外，又叫“贡元”门。

村中有2口古井。明朝，莫氏初到七拱街时开挖一口井，随着人口不断增长，用水水源供不应求，于是在大屋门外又挖了一口井。现2口古井仍涌着清澈的井水。

莫氏宗祠，始建于清末，1985年重修，占地面积200平方米。莫氏宗祠内右侧墙壁上刻有“莫氏得姓之源”，后题辈分排行诗；左侧墙壁上刻有“唐状元宣卿公（莫氏先祖、唐代岭南第一状元莫宣卿）留派诗序”“高祖秀发公留派诗序”以及莫宣卿中状元时的两首诗。逢年过节及农历每月初一、十五，莫屋村村民都到宗祠上香拜祭。

莫屋进士门楼（李学森　摄）

莫屋村古井（李学森　摄）

莫屋村拓展介绍

（供稿：向雪欣；复核：黄静谊）

阳山县七拱镇

潭　村

名片

•镬耳楼　•贡元门楼
•外翰第门楼　•胜形祠

潭村村貌（许明辉　摄）

潭村，位于七拱镇南部，隶属七拱镇潭村行政村，距镇政府约4千米。始建于明初，许姓族人迁至此地定居而形成村落，取村名为许屋巷；明末，村民许长三叫原居住在车头村遭受山洪袭击的结拜兄弟陈殿贵带领族人迁入居住；后许姓族人基本外迁，陈姓族人为感恩，以“饮水思源”而取村名为潭村。曾用名重光乡。2012年，潭村民居、潭村古庙胜形祠、潭村古井被阳山县人民政府公布为不可移动文物。

潭村有孔府武官家园之美誉，是阳山县保存最好的传统古村落之一，现存传统民居近400座。这些民居建于清道光年间，坐北向南，建筑占地面积16820平方米；房屋多为硬山顶，镬耳山墙，村内的通道用青石铺砌，房屋的用材以青砖和木瓦为主，现存建筑基本可以反映原貌及规模。

镬耳楼是潭村古村落最显著、最具特色的建筑。其主体是镬耳形山墙。镬耳形山墙也叫鳌背墙，是清一色由青砖砌成的屋宇山墙，墙高于屋顶，顶部形似龟背，上面

古建筑群（许明辉　摄）

呈半圆流线型飞檐滴水，构成起伏有致的天际轮廓线，形似镬耳，故称“镬耳楼”。镬耳楼墙檐及窗台上方多描有灰底白画的卷草或动物图案，部分还有立体的灰塑图案。潭村古村落另一个显著特色就是村内巷道全部用大理石或麻石铺设，大街小巷纵横交错，巷巷相通。据说，石板巷道底下可作为逃生通道直通村外。

古民居（李学森　摄）

外翰第门楼，建于清道光二十九年（1849），门额悬挂“外翰第”牌匾，清道光二十九年（1849）冬日吉旦陈煜猋立；有门联“衣冠绵盛德，诗礼蔚通儒”。

贡元门楼是潭村的正门楼。古时，门楼有对联“潭活清潮涌，村树栋樑材”，上联全带“水”，下联

镬耳楼（许明辉　摄）

都有“木”；现对联为“门高司马，楼羡元龙”。大门左右两侧原有“肃静”“回避”高脚牌。

外翰第大门楼（李学森　摄）

高厅，是潭村现保存下来仅有的楼房，也是清朝秀才、民国律师陈其修的住宅。楼高三层，楼板下以桁梁、楼板支撑，上铺薄砖或红毛泥（水泥）。以木质大板梯上下，每层为一厅二房。门窗上有灰雕，两边有楹联，墙壁上有题诗的彩色壁画，屏风、床具外围饰以木雕。二楼床架有楹联“智水祥光涵叠阁，仁山佳气护层楼”。三楼东侧房门有楹联“群山高拥连奎壁，曲水环流浸

贡元大门楼（许明辉　摄）

古屋古巷（李学森　摄）

古石板巷道（许明辉　摄）

斗牛”，西侧房门有楹联“水抱山环千古画，鸟啼花放四时春”。中厅床边有楹联“钓鱼公摆到床前看，撑渡子移来榻上观”。

陈嘉言房系古建筑，大门楼为“太学第”，“太学第”三字由广东布政使李某于清道光二十六年（1846）为太学生陈介康所题。

太学第门楼（李学森　摄）

陈恒言房系古建筑，大门楼挂有“文魁”匾额，来历不详。文魁门楼前壁上有绘于1934年的壁画兼书法。

村内建筑还有中山门，青砖木结构，高两层，用桁梁木板支撑，墙体上、下层均有防御枪眼。用“孙中山”之名，命名为“中山楼”。此外，还有形胜祠、英武门、永安里等古建筑。

古井（许明辉　摄）

村内有3口古井，其中位于潭村村委会右侧的古井始建于清道光十三年（1833），井深约8米，水深6米，井壁用青砖砌成，井圈及周围用青石砌成，圆形，口径70厘米，井面用水泥灰砂铺成；井水清澈甘甜，水源充足，一直沿用至今，是研究当地人口迁徙历史的宝贵材料。

（供稿、复核：阳山县史志办）

阳山县七拱镇

大禾岗村

名片

•学发公祠

大禾岗村村貌（许明辉　摄）

大禾岗村，位于七拱镇南部，距镇政府6千米。该村始建于1923年，朱海均从附近朱屋排村迁至此地居住而形成村落。因村民大多种植大禾（稻谷）而得名。该村的学发公祠于1987年6月被列为阳山县文物保护单位，2015年12月被列为广东省文物保护单位。

学发公祠，亦称朱海均旧居，由爱国华侨朱海均先生为纪念其先父朱学发而建造，始建于1923年，落成于1935年，坐西南向东北。总结构分前、后座及东、西两厢，占地面积10941平方米，有住房182间。前排建筑由海均家塾、高阳世第、学发公祠、海均私第、朱子家风5座建筑及二横屋组成，总面阔90.8米，总进深120.5米。各门为凹门斗式门面，花岗石门框，砖木结构，主体建筑为典型封火墙、龙船脊，砖木和钢筋、水泥结构。前排楼房属中国传统建筑，置七门（一正六辅），正门为中堂，辅门为侧厅，且门框均用上等石料镶

学发公祠（许明辉　摄）

边，并刻联。房与房相通，厅与厅相连，每个厅中都设有天井用于通风和采光。后排建筑由四层钢筋混凝土结构主楼及两杠横屋组成，前低后高，连成一体。祠墙庄严肃穆，墙体厚70多厘米，夯筑时混合砚壳灰、沙子、黄泥、石灰、黄糖、糯米粉等材料，极具黏性和韧性，坚固难破。门楼的门框上镶嵌坚硬的麻石条，与硬实厚重的木门构成一个稳固的防御体系。墙上则散布着若干大小各异的枪眼、炮眼和观察孔。因整个建筑群酷似拉萨布达拉宫以及“其宏壮之规模为北江数府州所未有”，故而称之为“广东布达拉宫”。

精美的窗楣灰塑（李学森　摄）

学发公祠主楼的廊、柱、顶、窗、门大量使用西方建筑样式，如门窗上分层灰塑重叠的弧形，门的两侧采用了倚柱和扁壁柱等巴洛克建筑风格。房屋门楣、窗楣的壁画和泥塑图案、花纹蕴含着人们对美好生活的向往和追求。还有大量寓意吉祥的图案，如镬耳山墙上灰塑蝙蝠和铜钱，寓意“福在眼前”；灰塑蝙蝠、寿桃和铜钱，寓意“福寿双全”；在窗楣上灰塑两条鲶鱼，寓意“年年有余”；灰塑牡丹、蝴蝶，寓意“富贵飏来”；灰塑云纹、蝙蝠，寓意“流云百福”；墀头灰塑松、竹、梅岁寒三友，颂扬品德高尚等。每层楼都设左、右两个回廊天井并采用绿釉陶瓷作围栏，木阁楼板上铺设花阶砖。楼顶还设有平台，中路平台顶部的装饰图案具有伊斯兰建筑的神韵，精美独特。

窗楣灰塑（李学森　摄）

前座主屋正门石楹联（李学森　摄）

后座主屋正门石楹联（李学森　摄）

学发公祠拓展介绍

公祠前后座的石门框上刻有11匾13联，阳刻。11匾中，原国民党党政军要员余汉谋、李汉魂、陈济棠、邓泽如的手笔各占其一，余下7匾及13联均为清末科举榜眼朱汝珍所作。题写人身份与匾联水准之高，在粤北实属罕见。近百年过去，学发公祠仍保存完好，不仅被阳山人视为全县瑰宝，更成为当地知名景点。无论从建筑规模、风格，还是从文化底蕴看，学发公祠都具有极高的价值。

天井（李学森　摄）

黄埔中正中学（现广州市第六中学）曾在此临时办校。1944年，黄埔陆军军官学校毕业生邓震亚及部分黄埔校友在韶关市东河坝创办黄埔中正中学；日军进犯韶关时，该中学曾迁于学发公祠。中华人民共和国成立初期，这座拥有182间房屋的大厦被分给农民居住，20世纪50年代后期起，政府将其用作华侨农场和农业种子示范场，安置部分归侨和农场职工。

（供稿、复核：阳山县史志办）

阳山县七拱镇

三所村

名片

- 明朝军屯地
- 南门牌坊
- 叶氏大宗祠
- 仆射第门楼

三所村村貌（许明辉　摄）

三所村，位于七拱镇北部，距镇政府5千米。该村形成于明朝，“三所”原是平瑶军队的编号。三所军人平瑶结束后“化兵为民”，选择在新圩地域建村居住，取名三所村。叶元青率领的“10旗10姓”军人有叶、沈、张、冯、邓、黎、罗、苏、陈、孔10姓，是立村时的所有姓氏，均来自福建上杭县。孔姓在中华人民共和国成立后全部外迁他乡，只留下孔屋墩。村民之间使用三所军话。

村落布局和古建筑设计仍然保留着军队守备时的独特风格：“旧城”三所村中有南门、北门、接龙门3个大门，有仆射第、沈屋炮楼、元记楼3座古楼，有8条古巷、16口古井、1条军圳，水圳（俗称军圳）贯通全村，1条大街通各巷。“新城”古围，围墙

叶氏大宗祠（许明辉　摄）

用三合土墙基，上砌青砖，墙高4米。南、北门均有吊桥，南门宽约20米，上层有关公像。围墙东有小门，墙中有小炮台，墙外深挖壕沟并布满荆棘。传统民居一部分是沙土夯墙泥砖瓦屋，一部分是青砖瓦屋。

现存宗祠7座，分别是叶、沈、张、冯、黎、罗、邓7姓的宗祠。叶氏大宗祠始建于明朝，为纪念开基祖、百户长叶元青而修建，清乾隆二十五年（1760）重建，是“旧城”村中规模最大的建筑，坐北向南，三开间，三进四廊二天井布局，宽12.7米，深28.5米，占地面积361.95平方米，砖木结构，屋顶盖瓦。屋檐有木质浮雕图案，大理石门框，门前两侧各置石狮石鼓，前檐左右各用一根花岗岩石条支撑，硕呈花篮状，门额为“叶氏大宗祠”大理石石刻，字大盈尺。大门前有两尊狮子石

沈氏宗祠（许明辉　摄）

南门牌坊（许明辉　摄）

鼓，石鼓两面刻有云鹤、花草图案，石门槛刻卷云纹，门框顶正中刻有双鱼太极图，门楣外侧刻双凤朝阳人物图。2012年，叶氏大宗祠被阳山县人民政府公布为不可移动文物。

特色建筑有南门牌坊、炳亭书室、元记大门楼、和兴堂大门楼、叶屋“仆射第”大门楼、沈屋炮楼、元记炮楼。南门牌坊，始建于明朝，1947年重建，为西洋式牌楼，三开间，内侧为二层楼房，面阔17米，进深5.8米，大门高2.5米，门前有五级台阶，南、北、西各有一大门，“三所重建本乡南门碑记”镶嵌于大门左墙内。

仆射第门楼（许明辉　摄）

仆射第门楼是叶氏宗族门楼，始建于明朝，民国时期重建，砖木瓦结构，拱门楣额“仆射第”正楷字约盈尺。门楣上端砖砌圆圈，两边各一小窗。门拱深1米

沈屋炮楼（许明辉　摄）

多，门内砖砌依托用于堆物，还可行人。楼顶盖瓦，四周砌墙，犹如四方楼。相传叶姓先祖曾是“仆射”官职，其子孙建“仆射第”以光宗耀祖。

沈屋炮楼始建于民国时期，楼高四层，一至三层为三合土夯墙，第四层为青砖砌筑，每层设置枪眼炮口。

元记炮楼始建于民国时期，楼高三层，天面盖瓦，第一、二层为三合土夯墙，第三层为青砖砌筑，每层设置枪眼窗户（炮口），现已被拆除。元记大门楼建于清乾隆年间，檐下山水花鸟彩图历经200多年，至今仍栩栩如生。

农历正月初六和五月二十七是三所村独有的节日。原来，明成化年间的某年正月初六，叶元青率领的“10旗10姓”军人接到命令后，离开家乡，奉命远征。于是，家家户户宰杀鸡、鸭、猪、羊，祭祀祖先，祈求军队一路平安，征战胜利。定居三所之后，每年正月初六，大家都到祠庙祭祀，缅怀祖先功德，寄托家乡情思。叶元青率部平定阳山瑶乱后，于当年农历五月二十七奉命屯驻三所村。此后农历五月二十七成为了建所立村的纪念日。

（供稿：向雪欣；复核：黄静谊）

阳山县太平镇

三和洞村

名片

- 中国传统村落
- 张侯祠
- 冯氏宗祠
- 文昌阁

三和洞村村貌（许明辉　摄）

三和洞村，位于太平镇东北部，距镇政府约5千米。始建于明洪武十二年（1379），冯姓先祖迁至此地定居而形成村落。2019年6月，三和洞村被评定为第五批中国传统村落。

村中建筑以传统民居为主，其中冯姓村民保存的民居较为完整，带天井的古围屋有13座，房屋有近百间，房屋四周环绕形成围墙。每座围屋皆有独立院子，仅从大门出入。全村有上巷、下巷、纵巷、横巷、担水巷等7条巷，上下纵横交集，形成严密的防御布局。

冯氏宗祠，始建于明朝，清光绪三十四年（1908）重建，2007年重修。坐东向西，五间二进布局，通面阔17.7米，通进深18米，占地面积约318.6平方米。硬山顶，镬耳山墙，青砖墙体。头门面阔5间，进深十七架6.8米。前设四步廊，前廊博古梁架木雕麒麟送书图。门前砌三级台阶，两根石前檐柱，虾公梁，柱上阴刻“光绪三十四年戊申孟秋吉旦立”。大门花岗岩石门框，石门枕，石门槛，门额石阴刻“冯氏宗祠”，墙上彩绘人物、山水诗文图，封檐板雕刻精美花鸟、瑞兽图案。衬祠墙楣灰塑

冯氏宗祠（梁文讯　摄）

三国人物故事及花鸟图案，墙上开方形绿琉璃通透花窗，上设窗罩。墀头灰塑山石松树图。上堂面阔五间，进深十七架7.9米，抬梁式构架。堂前带一井两廊两庑，进深6.35米。两廊四架卷棚顶，两庑进深十一架。祠堂前有地坪、门楼，门楼连接院墙，将地坪围拢形成院落，自成一体，气势雄伟。

该村有3座门楼。其中，位于冯氏宗祠大门口右侧的三元第门楼始建于明朝，分别于清光绪三十四年（1908）、2007年重建，门楣有一木制匾额，上书“三元第”，右落款为“奉冯门京高中”，左落款为“宋仁宗旨钦赐”。大门左右挂一木制对联“三元中选，一品当朝”。

“三元第”匾额（梁文讯　摄）

三元第门楼（梁文讯　摄）

张侯祠，俗称“大庙”，位于村东南面，始建于明崇祯十六年（1643），清光绪六年（1880）重建，坐北向南，三间二进带两廊布局，总面阔8.5米，总进深14.6米，占地面积124.1平方米。硬山顶，青砖墙体，灰塑博古脊，人字封火山墙。头门面阔三间，进深十三架4.7米，前设三步廊。2根木前檐柱，木檐枋。石门框，素面门枕石，石门槛，门额阴刻“张侯祠”。门前水泥砌筑三级台阶。封檐板木雕花鸟图案。上堂三开间，进深十五架5.35米，砖砌四根金柱，抬梁式构架。封檐板雕刻卷书“护

张侯祠（梁文讯　摄）

张侯祠古钟（李学森　摄）

国庇民”四字及花鸟图案。堂前供奉张侯公神位。祠内一块碑刻记载“宋嘉定十一年（1218）阳山大旱，求之张侯。求必有雨，活民无数”，悬挂一口明崇祯年间铸造的铁钟，重200千克，是研究阳山当地历史的宝贵材料。

文昌阁，位于张侯祠不远处，始建年代不详，但至少清嘉庆年间已经存在，1916年、1988年重修。阁前有池塘，阁高两层，二楼有“九天开化文昌帝之神位”。大门两边有对联“三和保障梓栋楼，九天开化文昌阁”。每年农历十一月至十二月，附近乡村以及南海、番禺等地都有人前往祭拜，并于次年正月十五后鸣炮“还神”。

添丁“挂灯”是三和洞村的习俗，已有几百年历史，是一直传承下来的客家文化。冯、谢家族里有男丁出生后，必须在次年正月十五当天边敲锣打鼓边舞狮，按照小孩上一年出生时间先后顺序去到家里接“灯”，然后统一把“灯”挂在福德祠上。

福德祠添灯仪式（冯国志　摄）

（供稿：向雪欣；复核：黄静谊）

阳山县太平镇

大城岗村

名片

•李氏宗祠　•炮楼

大城岗村村貌（许明辉　摄）

大城岗村，位于太平镇西北部，距镇政府11.8千米。该村始建于明初，李氏始祖李火德第十世裔孙李应春从阳山县通儒坊迳口迁此定居而形成村落。该村是阳山县太平镇历史悠久的古村落之一，由于村落始建时参照城廓的布局，故名大城岗村。

传统民居有泥砖瓦屋，也有青砖瓦屋。现存宗祠、祠堂、祖堂各1座。

旧民居（李学森　摄）

李氏宗祠始建于明正德年间，分别于清代、1936年、2004年重修。宗祠三间二进，面阔9米，进深21.3米，占地面积248.68平方米，硬山顶，青砖墙体，大门麻石匾额刻有孙科题的“李氏宗祠”四个大字，大门两边有孙科题的对联“文章成倚马，世系显犹龙”。石檐摹雕韩愈墨迹“鸢飞鱼跃”。进入大门，映入眼帘的是木制屏风，上面书有“龙飞凤舞”四字，两侧书“入闽始祖火德公，三男二女择西东”。第二进的柱上刻有对联“文德显犹龙迹隐函关世系肇开周桂下，武功传射虎劳宣上谷宗风远播汉云中”。横梁悬挂孙科题的“国族聚斯”木匾。宗祠以山水画和木质浮雕装饰四周及屋顶，建筑风格为明代风格，是研究阳山祠堂文化的实景材料。2012年，李氏宗祠被阳山县人民政府公布为不可移动文物。

“国族聚斯”匾额（梁文讯　摄）

李氏宗祠是合族祠，是应春公大祖祠。1936年重建时，经时任国民政府陆军少将李及兰（大崀人）等主持同意，由七拱太平区区长李炳琅、李德文、李世干为理事兴工重建，于1937年农历七

宗祠内檐下的壁画和书法一（李学森　摄）

宗祠内檐下的壁画和书法二（李学森　摄）

李氏宗祠（梁文讯　摄）

月十七辰时落成。可见，大城岗村在民国时期备受广东政府官员重视。

李氏宗祠左前方有一座李氏分房祠堂，为上三间下三间瓦屋，始建于清朝，2014年重建为上单间、下单间瓦屋，红砖墙黄色琉璃瓦。

村中还有一座陈氏祖堂，始建于明朝，2013年重建为上单间、下单间瓦屋，红砖墙红色琉璃瓦。

“龙飞凤舞”屏风（李学森　摄）

李氏火德公分祠（梁文讯　摄）

此外，村中还有一座较具特色的代表性古建筑——炮楼。炮楼高四层，每层有窗户和射击孔，一至三层为三合土夯筑，第四层由青砖砌筑，楼顶为镬耳形，硬山顶，盖灰瓦，占地面积160平方米，规模宏大。

炮楼（梁文讯　摄）

（供稿、复核：阳山县史志办）

阳山县太平镇

牛鼻村

名片

•明代冶铁所遗址 •牛鼻岩洞

•毛公祠

牛鼻村村貌（许明辉 摄）

牛鼻村，位于太平镇南部，距镇政府12千米。始建于明永乐十九年（1421），毛姓族人迁此而形成村落。因村旁有一岩洞，岩口似牛鼻，且洞内有一石块亦像牛的鼻子而取名牛鼻村。

传统民居为广府民居，砖木结构瓦屋，有“三檐齐”，亦有三间四门朝厅式，小部分为青砖镬耳墙，大部分为三合土夯墙脚上砌泥砖，青砖墙身为清末民初所建。

古门楼（梁文讯 摄）

旧民居（李学森 摄）

镬耳墙（梁文讯 摄）

屋檐雕梁（梁文讯 摄）

毛公祠，始建于清康熙八年（1669），2009年重修。宗祠坐东向西，三间二进带两廊布局，通面阔11.4米，通进深19.2米，占地面积218.9平方米。青砖墙体，硬山顶，正脊灰塑博古，镬耳封火山墙。头门面阔三间，进深6.3米。重修时新筑石前檐柱及虾公梁。门前砌五级花岗岩石台阶，边饰垂带石。花岗岩石门框，石门枕，石门槛，门额悬挂“毛公祠”木匾。次间设花岗岩石砌筑的包台，台基高0.64米。封檐板

毛公祠（梁文讯 摄）

雕刻卷书“积善余庆”及花鸟图案。上堂面阔三间，进深8.05米，内设神龛。堂前带两廊一井。阳山县的毛姓族人已从牛鼻村分散到了各地，该祠堂是研究阳山县毛姓族人宗族文化的实物资料。2012年，该祠被阳山县人民政府公布为不可移动文物。

该村有一仙岩，名为牛鼻仙岩；有石刻诗文3幅，共28首诗，为清代文人到此游览所作。

木饭冲是明代冶铁所遗址，距牛鼻岩1千米。1984年，阳山县文物普查队在牛鼻岩附近发现水渠残迹，渠长6.4米，宽1.14米；发现炉渣堆积7处、炉渣堆积遗址18处，遗址附近还可见大量铁矿石。据清道光《阳山县志》记载，“宋开宝五年，阳山同官开银铅场，牛鼻开铁务”，明代《太祖洪武实录》记载，“洪武七年，全国置铁冶所一十三所，广东则唯阳山一所而已，广州府阳山冶岁七十万斤”。牛鼻岩冶铁始于宋、盛于明，清代以后渐趋衰落。牛鼻岩冶铁所是明代广东唯一的冶铁所。2012年，牛鼻岩冶铁遗址被阳山县人民政府公布为不可移动文物。

牛鼻仙岩（李建居　摄）

该村有一座更楼，始建时间不详，清乾隆三十三年（1768）重修，长5.57米，宽4.65米，高3米。更楼基础为清乾隆年间重修时保存下来的，内存2块重修更楼的碑记，其中一块为清乾隆三十三年（1768）“重修更楼碑”碑记。2012年，更楼被阳山县人民政府公布为不可移动文物。

更楼（梁文讯　摄）

（供稿、复核：阳山县史志办）

阳山县黎埠镇

黎埠街村

名片

- 客家民居
- 杨氏宗祠
- 都爷古庙
- 唱春牛
- 永安亭
- 古榕树
- 杨氏洋楼

黎埠街村村貌（许明辉　摄）

黎埠街村，位于黎埠镇中部，为黎埠镇政府驻地。始建于明末，村民因战乱、逃荒、外出谋生等迁至此地聚居而形成村落。黎埠街村地处扶村河与寨岗河交汇地带，因地形似犁田所用的农具“犁”，河边建有码头，河岸成为商埠，“犁”与“黎”同音，故称黎埠街村。曾用名犁埠街村。村内保留有“犁埠大街”碑刻，立于清同治四年（1865），现存于黎埠人民大街东边入口处。

传统民居为客家民居，现存30座。代表性民居有王氏祖屋与杨氏洋楼。王氏祖屋建于民国初期，占地面积约350平方米，分上栋、下栋，中间通巷，3个天井，2个廊子，两杠横屋，整体格局为“上三、下三、两杠横”。杨氏洋楼建于清末，占地面积约250平方米，两层传统骑楼，砖木结构，首层前部为人行道，后部为商店，第二层为

杨氏洋楼（李学森　摄）

人民大街当铺（黎润锋　摄）

住宅，住宅前部突出于商店，遮挡人行道上部，楼顶盖瓦。

代表性宗祠有杨氏宗祠关西堂和清白第，两座宗祠布局结构完全相同，均是分上栋、下栋，中间通巷，3个天井，2个廊子，两杠横屋，整体格局为“上三、下三、两杠横”。杨氏宗祠关西堂建于清末，占地面积约320平方米。杨氏宗祠清白第建于民国初期，占地面积约250平方米。

其他传统建筑有人民大街当铺、旧百货公司、千人食堂、炮楼等。人民大街当铺建于1918年，石脚基础，全青砖垒砌，两层砖瓦结构，呈长条形，占地面积约330平方米。

原黎埠供销社大楼建于20世纪60年代，为两层传统骑楼，面阔小、进

旧百货公司（许明辉　摄）

炮楼（李学森　摄）

深大，平面首层前部为人行道，宽约3米，后部为商店；第二层为住宅，住宅前部突出于商店，遮挡人行道上部。

现存私塾旧址志树文社，始建于清光绪二十年（1894），1916年重修。

都爷古庙始建于清乾隆年间，清嘉庆十六年（1811）重建，1996年重修，坐东南向西北，二进一井带两廊，抬梁架构，硬山顶，上为琉璃瓦面，青色滴水剪边。青砖砌墙，头门石匾刻“都爷古庙”四字，上款为“大清嘉庆十六年辛未重建”，下款为“署直隶连州事罗含章拜政”，后附两枚印章。都爷庙供奉冯、杨、欧、夏4位都爷。明嘉靖年间，因黎寨地区盗贼横行，民难安居，冯、杨、欧、夏4位都爷率兵平乱，奋勇向前，壮烈捐躯，贼患亦从此得到平息，民赖以安居立业。人们为纪念4位都爷功德，建庙祀奉。每年农历十月十六举行“做朝打醮”祭

黎埠供销社仓库（李学森　摄）

都爷古庙（李学森　摄）

祀活动，祭拜4位都爷。2012年，都爷古庙被阳山县人民政府公布为不可移动文物。

黎埠街有唱春牛的传统民俗，该民俗形成于清末。表演的形式是个人领唱，众人合唱，边唱边舞。唱春牛的唱词与表演，旨在表现人们在春耕时节团结协作、勤于农事、忙于生产的精神。唱春牛现已被列入清远市非物质文化遗产名录。

村内有古榕树3棵及炮楼、永安桥。古榕树已有500多年树龄。炮楼建于清末。永安桥始建于清道光三年（1823），1965年重修，东西走向，长38.8米，宽6米，由大小相同的三拱构成，南面桥墩处设有分水尖，桥拱用规则的麻石块横砌而成，桥面已改成水泥路面。现此桥仍是黎埠圩镇的交通主桥梁，是研究阳山县桥梁历史的宝贵材料。2012年，永安桥被阳山县人民政府公布为不可移动文物。

永安桥（许明辉　摄）

1949年12月13日，中国人民解放军进攻黎埠圩。国民党武装常备队员负隅顽抗，在黎埠大街当铺楼顶向中国人民解放军开枪扫射，2名解放军战士中弹壮烈牺牲。为纪念解放黎埠而牺牲的英雄，黎埠大街改名为解放街，街名沿用至今。

（供稿、复核：阳山县史志办）

后记

为进一步发掘自然村落普查资料的信息价值，结构化开发利用全市自然村落普查工作成果，助力乡村振兴战略，清远市史志办公室计划在“十四五”期间编纂出版“清远名村系列丛书”。丛书按计划分步骤编纂出版《清远历史文化村》《清远红色文化村》《清远美丽乡村》《清远特色产业村》。

经过一年的努力，丛书首册之《清远历史文化村》即将付印出版。本书初稿由各县（市、区）地方志工作机构组织撰写与推荐，由编辑部按照“立足普查、有据可依、特点突出”的原则，对征集资料进行再度评选和编撰。书中收录的106个历史文化村，按行政区域排序，使用的图片主要由各地报送。

本书编写责任分工情况如下：清城区、连州市由黄春苗负责，清新区、连山壮族瑶族自治县由刘冰负责，英德市、连南瑶族自治县由张嘉莉负责，佛冈县、阳山县由莫璇负责，全书统稿由刘冰、黄春苗负责。各县（市、区）资料员：清城朱健明，清新钟洁华、张静珊，英德张锋，连州林玉莲，佛冈李协湖，连山李凯，连南潘俊峰，阳山向雪欣。

由于编者水平有限，错漏难免，敬请读者批评指正。

丛书编辑部

2023年1月17日